Caminhos

Tony Evans

Caminhos

**VIVENCIANDO O AGIR DE DEUS
NOS BASTIDORES DA NOSSA VIDA**

Copyright 2019 de Tony Evans
Título original: *Pathways: From Providence to Purpose.*
Publicado por B&H Publishing Group
Nashville, Tennessee, EUA.
Todos os direitos reservados.

1ª edição: abril de 2022

TRADUÇÃO
Ana Paula Argentino

REVISÃO
Francine Torres (copidesque)
Nilda Nunes (provas)

DIAGRAMAÇÃO
Catia Soderi

CAPA
Rafael Brum

EDITOR
Aldo Menezes

COORDENADOR DE PRODUÇÃO
Mauro Terrengui

IMPRESSÃO E ACABAMENTO
Imprensa da Fé

As opiniões, as interpretações e os conceitos emitidos nesta obra são de responsabilidade do autor e não refletem necessariamente o ponto de vista da Hagnos.

Todos os direitos desta edição reservados à
EDITORA HAGNOS LTDA.
Av. Jacinto Júlio, 27
04815-160 — São Paulo, SP
Tel.: (11) 5668-5668

E-mail: hagnos@hagnos.com.br
Home page: www.hagnos.com.br

Editora associada à:

Dados Internacionais de Catalogação na Publicação (CIP)
Angélica Ilacqua CRB-8/7057

Evans, Tony

    Caminhos: vivenciando o agir de Deus nos bastidores da nossa vida / Tony Evans; tradução de Ana Paula Argentino. — São Paulo: Hagnos, 2022.

    ISBN 978-85-7742-337-8

    Título original: Pathways: From Providence to Purpose.

    1. Providência divina 2. Vida cristã I. Título II. Argentino, Ana Paula.

21-1375   CDD 231.5

Índices para catálogo sistemático:
1. Providência divina

AGRADECIMENTOS

Quero agradecer aos meus amigos da B&H Publishing, especialmente Jennifer Lyell, Devin Maddox e Taylor Combs, pelo esforço em fazer este projeto ganhar vida nestas páginas. Devo também minha gratidão a Heather Hair, neste quinquagésimo livro e estudo bíblico extraordinário que completamos juntos, por sua competência e ideias ao colaborar com este manuscrito.

Sumário

PRÓLOGO — **Preparando o palco** 9

CAPÍTULO 1 — **O mestre das marionetes** 27

CAPÍTULO 2 — **Enxergando a mão invisível** 47

CAPÍTULO 3 — **Envolvendo-se com Ester** 61

CAPÍTULO 4 — **Os pré-requisitos do propósito** 83

CAPÍTULO 5 — **Para um momento como este** 105

CAPÍTULO 6 — **Adivinha quem vem para o jantar** 123

CAPÍTULO 7 — ***Naquela* noite** 137

CAPÍTULO 8 — **Repentinamente** 159

CAPÍTULO 9 — **As reviravoltas divinas** 175

CAPÍTULO 10 — **Ligando os pontos** 189

APÊNDICE — **Versículos sobre soberania de Deus** 209

NOTAS 223

PRÓLOGO

Preparando o palco

 Todo mundo ama uma história.

Uma boa história. Uma história grandiosa. Uma história espetacular.

Uma história de mistério, intriga, suspense e, é claro, um pouco de surpresa ao longo dela.

Essa é a história de Ester.

É a história de Gideão.

A história de Cinderela.

A história de Pederson.

Agora, continue comigo — mesmo que você nunca tenha ouvido falar do nome Pederson. Acredito que esse nome pode tê-lo confundido um pouquinho. E apesar de você talvez não reconhecer quem é ele, aposto que vai reconhecer o que ele fez.

Mas, primeiro, vamos começar com outra pessoa. Vamos começar com alguém que todos nós conhecemos.

Que tal a Cinderela?

Cinderela é uma personagem fictícia que, de alguma forma, pareceu ser mais real do que muita gente que conhecemos. Talvez seja porque podemos nos identificar com a esperança que envolve a narrativa. Desejamos que a trajetória da gata borralheira seja a nossa. Cinderela começou a viver com uma madrasta malvada e duas meias-irmãs igualmente perversas. Resumindo, ela foi destinada a viver como uma escrava. O problema com Cinderela era que ela ficou presa. Ela ficou presa em uma situação que ela não tinha o poder de mudar.

Você já sabe, no entanto, que a história sofre uma reviravolta e tudo muda para os personagens envolvidos. Sabemos que houve um baile e, depois de uma série de intervenções milagrosas, Cinderela foi levada à festa em uma carruagem. Ali ela se encontrou com o príncipe, que ao vê-la se apaixonou por ela. O problema dessa história, como você já sabe, foi que o relógio bateu à meia-noite. Quando isso aconteceu, Cinderela voltou para o mesmo lugar onde sempre esteve. Ela voltou a ser a escrava de sua madrasta e de suas duas meias-irmãs más.

A parte sensacional da história de Cinderela é que o príncipe nunca se esqueceu dela. Ainda que houvesse muitas mulheres no baile, havia algo nela que a destacava na multidão. Ela era especial. Ela era única. Ela era rara. Todas queriam o príncipe, mas ele queria Cinderela.

No entanto, tudo o que ele podia usar para reencontrá-la era o sapato que ela havia deixado para trás. Se ele encontrasse o pé que pudesse calçar aquele sapato, ele teria encontrado Cinderela. Então ele partiu, indo de porta em porta em busca de sua princesa. Depois de uma busca longa e árdua, finalmente o príncipe encontrou Cinderela. E, como prossegue a história, eles foram felizes para sempre.

A história dela vai da miséria à riqueza, e isso é muito familiar para todos nós. É uma história grandiosa, que faz os olhos de crianças e de adultos brilharem, mas não passa de ficção. A história da Cinderela não é real. A história que estou prestes a contar é tão real quanto parece. Não é sobre um príncipe ou uma princesa, mas a história termina com uma viagem a um castelo, caso isso importe. É sobre Pederson, um homem que a maioria de vocês talvez nem sequer conheça.

Mesmo se você é um dos poucos que não assiste a futebol americano ou a esportes chiques, a maioria das pessoas acaba sabendo quem foi o campeão da disputa anual conhecida como Super Bowl. De acordo com a Nielsen Media Reserch, empresa global de informação, quase metade dos norte-americanos assiste ao Super Bowl. As manchetes dominam os *posts* das mídias sociais dos amigos, e as notícias predominam por semanas a fio. É difícil esquecer quem segurou aquele brilhante troféu prateado ao final de cada temporada. Especialmente quando é uma chateação. Especialmente quando ganhar é improvável. Especialmente quando um azarão sai por cima, ou talvez (no caso de Doug Pederson) quando chamamos o time de "azaráguias".

Afinal de contas, Pederson realmente treinou os *Eagles* (Águias). E os Eagles conseguiram uma das vitórias mais inesperadas de todos os tempos na temporada de 2017–2018 da National Football League (NFL), a liga esportiva profissional de futebol americano dos EUA. Na verdade, eles venceram mais de uma vez, venceram três vezes. Isso mesmo, três vezes.

Os Eagles eram oficialmente os azarões em cada um de seus três jogos dos *playoff* pós-temporada. Ninguém achava que eles pudessem vencer. Todas as semanas, ninguém acreditava que eles podiam vencer o adversário da ocasião. Ninguém lhes dava nenhuma chance. Com a exceção deles mesmos, é claro.

Mas estou me antecipando.

Por que ninguém deu chance ao time, apesar de um recorde de vitórias na temporada e da vantagem de jogar em casa em dois dos três jogos? Bem, você precisa saber que no futebol americano o *quarterback* é o rei. Na verdade, muitos o consideram ser o jogador mais essencial em campo. É por isso que os quarterbacks ganham o salário mais alto. Eles podem carregar o time nos ombros ou deixá-los perder simplesmente com base em como eles jogam. Basta perder seu quarterback famoso para correr o risco de perder a temporada inteira.

Dê uma olhada no Green Bay Packers na mesma temporada como exemplo. Indo para a sexta semana da temporada da NFL, eles tiveram quatro vitórias para apenas uma derrota sob a façanha de seu quarterback, Aaron Rodgers. Mesmo assim, depois que Rodgers quebrou a clavícula naquele jogo, o time somou apenas três vitórias contra gritantes oito derrotas no restante da temporada. Perca o rei e dê adeus à chance de ter a coroa da vitória.

Ou pelo menos é o que dizem.

Foi exatamente o que disseram dos Eagles de Pederson quando o famoso quarterback do time, Carson Wentz, sofreu uma lesão no final da temporada, quando ainda restavam dois jogos no ano. Enquanto os Eagles estavam no caminho para as eliminatórias até aquele momento, quase todos — incluindo eu — deram o time como perdido após o incidente. Afinal de contas, como podia qualquer time vencer o Super Bowl nas costas de um quarterback reserva?

E não era só isso! O treinador Pederson era treinador principal da NFL por apenas dois anos. Na verdade, uma década atrás ele estava treinando um time cristão do Ensino Médio. Isso mesmo, *Ensino Médio*. E antes disso? Bem, Pederson simplesmente era o quarterback reserva na mesma cidade (Filadélfia) e no mesmo time (Eagles) que acabou de treinar para as eliminatórias. E claro, enquanto a maioria poderia supor que isso, na verdade, era algo bom, não era no caso de Pederson.

É por isso que os fãs na Filadélfia o odiavam. Eles não o queriam no time. Na verdade, os fãs odiavam tanto Pederson que literalmente cuspiam nele quando ele ia do túnel para o campo.

Agora, se você acha que ser cuspido é ruim, devo dizer que as coisas só pioraram com o decorrer dos jogos. Às vezes, a torcida expressava o ódio por Pederson jogando pilhas e cerveja nele. Quer seja um fã de futebol americano ou não, você já deve ter percebido que eles odiavam o Pederson a ponto de desperdiçar sua cerveja cara só para deixar bem claro o quanto estavam insatisfeitos... Bem, isso tudo diz muita coisa.

Aquelas pessoas também eram da Filadélfia. Eles não eram torcedores de outras cidades. Era a torcida do Eagles jogando pilhas e cerveja em seu próprio quarterback reserva, Doug Pederson. Isso é quanto eles não o queriam no time. Isso é o quanto eles não queriam que ele jogasse. E, bem, isso não é normal. Não é normal para os fãs zombar de um de seus jogadores; ainda mais em uma cidade cujo nome — Filadélfia — significa "amor fraternal". Aquele ódio era profundo. E apesar de imaginar o quão doloroso é ser atingido em cheio por aquelas pilhas, aposto que a humilhação é ainda mais dolorosa.

"Eram pilhas grandes... Daquelas bem grandes", diria Pederson posteriormente, quando perguntado sobre sua passagem anterior na Filadélfia, logo após ser contratado para treinar o time. Afinal de contas, eram lembranças não tão boas de uma cidade com pouco amor fraternal. Mas apesar da cerveja e das pilhas ("grandes, bem grandes") jogadas nele década atrás, Pederson havia escolhido voltar à Filadélfia para treinar. Ele havia voltado para treinar em uma cidade que certa vez o detestou.

E aqui estavam eles agora, entrando nas eliminatórias com Pederson à frente. Pederson iria precisar de coragem, sabedoria, controle e fé para levar seu time azarão pelo caminho da vitória. Afinal, esse era o time no qual ninguém confiava desde o episódio em que perdeu a estrela do time semanas atrás. Esse também era o time cujo jogador mais bem pago estava na defesa. Sem um ataque para marcar pontos, é quase impossível vencer os jogos, principalmente os jogos eliminatórios contra o melhor dos melhores. E com certeza não dá pra vencer um Super Bowl contra a dinastia conhecida e temida como pentacampeões, os New England Patriots, cujo quarterback Tom Brady leva o nome de "Comeback King". Não era só uma batalha entre Davi e Golias. Era Davi contra um exército inteiro de Golias.

Essa, porém, também não era a primeira vez que o treinador Pederson se via trilhando o caminho do que certamente seria uma competição perdida. Lembra quando mencionei que ele treinou futebol americano do Ensino Médio anos atrás? Essa parte da história é importante, porque foi nesse momento que Pederson aprendeu algo de que precisava agora, no presente. O lugar providencial de Deus teve Pederson nas trincheiras de uma batalha semelhante anos atrás, antes de ele ir para o cenário nacional e internacional. Foi lá que ele foi moldado, humilhado, incentivado, conduzido e desenvolvido. Foi lá que seu time, Calvary Baptist, enfrentou sua própria espécie de Golias. E foi lá que Pederson aprendeu como liderar um azarão até à vitória.

O adversário era conhecido como Evangel. E apesar dos dezessete anos invictos do Evangel contra os adversários do distrito, Pederson preparou seu time para enfrentá-los com confiança. Apesar das vitórias anteriores decisivas do Evangel contra o Calvary Baptist, com pontuações que mais se pareciam com senha de cartão de crédito do que com resultados de futebol (55-3 e 42-6), ele motivou os jogadores a acreditarem que poderiam vencer. E apesar de o Evangel ser um time classificado nacionalmente com nove jogadores no ataque, sendo chamados de D-1 (uma grande honra no futebol do Ensino Médio), de alguma forma, Pederson deu conta de unir um time para vencer quando a vitória significava mais do que tudo.

Talvez tenham sido as horas e horas que ele exigiu de seus jogadores que passassem com ele assistindo a filmes de jogos antes da escola, durante o almoço e depois da escola. Mais tarde, muitos jogadores lembraram que estudaram mais vídeos no Ensino Médio do que jamais estudaram na Universidade ou na NFL.

Também pode ter sido o bom entrosamento que Pederson instigou em seus jogadores, submetendo-se ao nível deles e dando tudo de si sem poupar nada de seus 1,82 metro de altura e 104 quilos de força. Até o ponto em que ele literalmente quebrou vários dedos de seus jogadores com o poder de seus passes.

Pode ser que Pederson tenha aumentado o nível de confiança do time, compartilhando com eles suas próprias impressões sobre o time, e não o que os outros diziam. Ele calibrou suas próprias convicções sobre suas habilidades com base no que ele acreditava, e não no que costumavam dizem sobre a capacidade do time, ou a falta dela. Com um nível de futebol em que jogos de uma ou duas palavras eram o máximo com que os jogadores podiam lidar, Pederson elevou tal padrão e deu aos seus homens jogadas bem mais complicadas. Por exemplo, em vez de "Spread Right" ser um comando à parte, ele fez que eles se lembrassem de coisas como "Spread Right 76 Smash Minus Over Protection", e mais alguns comandos.

Isso só demonstrava o quanto Pederson acreditava neles. E, como resultado, os jogadores de Pederson acabaram acreditando em si mesmos.

O Calvary Baptist derrotou o seu Golias, derrubando aquela sequência de vitórias distritais de dezessete anos. Uma década depois, os Eagles de Pederson também venceram seu próprio Golias, cortando a cabeça da maior dinastia nesta década do futebol americano.

Ainda por cima, os Eagles venceram com o quarterback reserva em quem poucos acreditavam, Nick Foles. Esse é o mesmo quarterback reserva que também duvidou de si mesmo e pensou em se aposentar do futebol apenas um ano antes do jogo. É o mesmo quarterback reserva cujo herói de infância jogou contra ele nessa final do Super Bowl Canário *versus* Golias. O mesmo quarterback reserva que tinha sido eliminado do outro time há apenas duas temporadas, com sua saída vergonhosa daquele time transmitida pela TV para o mundo inteiro assistir. O treinador, que permitira sua partida, casualmente o dispensou dizendo: "Ei, boa sorte. E espero que você fique bem".

É, aquele quarterback reserva. Ele, porém, fez muito mais do que ficar bem. Ele se superou.

Esse mesmo quarterback reserva destacou-se no Super Bowl LII, lançando aproximadamente 400 jardas e três *touchdowns*. Não só isso, ele também bateu o recorde com o quarterback do time adversário, seu herói de infância, em mais jardas ofensivas na história de todos os Super Bowls. Oh, e lógico, ele ainda fez mais. Ele também bateu um recorde único, tornando-se o primeiro quarterback a receber um touchdown no Super Bowl. Você leu certo — *receber*.

Em uma reviravolta bizarra do destino, o cara do time que lança a bola, na verdade, recebeu-a para marcar um touchdown. Essa jogada extraordinária, algo que jamais havia acontecido, agora é reconhecida para sempre pelos fãs ao redor do mundo como o "Philly Special."

Philly Special

Foi o quarto gol da linha de uma jarda no segundo quinze minutos do jogo. Ainda perto do início do jogo, qualquer treinador se contentaria em chutar um *field goal*. Principalmente um treinador com um quarterback reserva à mão. Mas não o Pederson. Ele acreditava em Foles. Ele acreditava nas habilidades de atleta dele. O mesmo treinador que ensinou a seus alunos jogadas com códigos de oito palavras acabou reduzindo o da próxima jogada a apenas duas. E foi chamada de *Philly Special*. E, como era especial. Tão especial que o time procurou manter o silêncio nas semanas que antecederam o jogo, raramente praticando durante os treinos regulares. Posteriormente, eles disseram que tinham praticado a "jogada" no Hotel Radisson Blu Mall of America para treinar e manter em segredo o fator surpresa para o adversário. Posso dizer que todos nós assistindo estávamos tão surpresos quanto os Eagles esperavam.

A jogada denominada "Fourth nad goal" é geralmente uma jogada de corrida se houver uma disputa. Mas, em vez disso, Pederson e Foles conversaram antes da chamada, e Foles o incentivou a jogar o *Special*,[2] uma jogada corajosa, no mínimo. Lançar para seu quarterback em uma quarta descida quando você está jogando contra Golias e contra o Comeback King, numa ocasião em que cada ponto é importante, é algo que provavelmente mais ninguém faria.

Pederson, no entanto, chamou a jogada. Durante o *huddle*, Foles retransmitiu a chamada aos seus companheiros de time, os quais arregalavam os olhos conforme ouviam. Em seguida, o center passou a bola para o *running back*, que a deu para o *tight end*, que então a passou para o quarterback, e, por fim, carregou-a para marcar o touchdown.

Touchdown dos Eagles!

Os fãs enlouqueceram. Os locutores passavam o *replay* sucessivamente. É como se não acreditassem, a menos que vissem pela terceira, quarta, quinta ou sexta vez. O estádio tremeu como se estivesse em um evento de gladiadores. Os torcedores indecisos começaram a torcer pela Filadélfia. Afinal de contas, quem não ama a história da Cinderela? É exatamente o que Foles, Pederson e o resto dos Eagles vivenciaram sob os olhos de milhões de pessoas. Depois de ser nomeado o jogador mais valioso do Super Bowl, Foles até foi ao castelo da Cinderela com sua esposa e filha para o desfile obrigatório da Disney World no dia seguinte.

Talvez o futebol americano não seja muito bíblico para você ou para estabelecer o assunto que estamos prestes a trilhar juntos pela mão provedora de Deus. Talvez a história da Cinderela não devia estar onde começo a preparar o palco. Será que ajuda se formos direto para as Escrituras e olharmos para um homem chamado Gideão?

Ou talvez eu nem precise fazer isso. Um outro jogador do Eagles já fez. Em uma entrevista pós-jogo sobre como os Eagles conseguiram tal vitória, o *tight end* que fez o passe mágico, Trey Burton, disse:

> Nosso time? A única coisa com que posso compará-lo é a história de Gideão. A história de Gideão está na Bíblia, no capítulo 7 do livro de Juízes, onde um grupo grande de pessoas está prestes a ir para uma batalha, e Deus lhes diz que há pessoas demais ali. Se eles fossem para a batalha com aquele monte de gente, a glória não seria dada a Deus.

Então Burton incentivou os repórteres a lerem a história de Gideão, terminando com a frase: "É bem semelhante com o que aconteceu com os caras deste time".[3]

Da mesma forma, o ex-quarterback famoso que teve de ficar de fora do Super Bowl por causa de uma lesão disse algo parecido em um *post* de uma rede social. Ele fez um grande incentivo na manhã do grande jogo. Wentz postou uma foto dele mesmo sentado ao lado de Foles, com a frase: "Deus está escrevendo uma história incrível, e a Ele seja dada toda a glória! Vamos lá, rapazes. #VaiEaglesVai."[4] Deus está escrevendo uma história incrível. É exatamente o que Ele ama fazer. Constantemente Ele calibra, muda, ajusta, altera, modifica, transforma e redefine o roteiro da vida para escrever uma história ao longo dos séculos. Ele escreveu uma para os Eagles. Ele escreveu uma para Gideão. Ele escreveu uma para Pederson. Ele escreveu uma para Ester. Ele está escrevendo uma história para você.

Deus escreve histórias tão surpreendentes, do tipo que o que você lê não é nem um pouco parecido com o que você esperava encontrar. Estes são finais de livros de histórias sobre situações improváveis e até mesmo impossíveis.

> *Deus está escrevendo uma história incrível. É exatamente o que Ele ama fazer.*

O segredo para chegar até seu próprio final da história de vida, no entanto, é o que vamos explorar juntos nestas páginas. O segredo para sua chegada está em como você lida com o caminho. Está em saber se permanece ou não no caminho, também em como reage quando as situações mudam rapidamente. Você hesita? Desiste? Ou escolhe um caminho mais fácil, mais iluminado?

O segredo para chegar ao destino que Deus tem para você está em como você anda quando está sob o ataque de garrafas de cerveja e pilhas que a vida dá um jeito de atirar em você.

A quem você dá ouvidos quando os outros dizem que você jamais viverá seus próprios sonhos e desejos?

Qual voz direciona você quando as pessoas dizem que você jamais conseguirá algo sozinho?

Ou quando parece que o relacionamento que você está tendo dificuldades em manter nunca será restaurado?

A carreira poderia nunca decolar. As finanças poderiam nunca sair do vermelho. Eles desistem de você com um sentimento de solidariedade: "Espero que você fique bem".

Assim como foi com Cinderela, Foles, Pederson, Gideão e Ester, o segredo para alcançar seu destino, no entanto, é permanecer no caminho providencial que Deus colocou para você, apesar da sua vontade de desistir. É aprender a voar mesmo quando você é incapaz até de caminhar. É descobrir o poder da perspectiva e o combustível da fé.

É entender e aceitar a doutrina da providência, mesmo quando parece que Deus está longe de ser encontrado.

Nenhuma outra história na Bíblia destaca essa doutrina de forma tão clara quanto a história de Ester. A história de Ester é chocante porque o que lemos nos capítulos e versículos não é o que devia acontecer. Há vidas destruídas que antes pareciam estar seguras. Há reviravoltas inesperadas.

Mas há algo a mais na história de Ester que a diferencia de todas as outras histórias na Bíblia. Esse livro é único entre os sessenta e seis livros que constituem o Cânon porque ele nunca menciona o nome de Deus. É o único livro sem referência direta a Deus. Todos os outros livros mencionam o nome do Senhor várias vezes, mas nos dez capítulos do livro de Ester você não vai encontrar de jeito nenhum o nome de Deus. Isso gera uma pergunta: por que Deus colocaria no Cânon algo que jamais menciona seu nome?

Acredito que seja porque Deus quis usar essa história de Cinderela para ensinar-nos algo sobre Ele. Ele quis nos ajudar a ver suas digitais. Ensinar como identificá-las. Revelar o que acontece quando Ele organiza e trama as coisas em prol de seu plano providencial. Deus sempre estará nos bastidores enquanto controla a ação em primeiro plano. Podemos não o ver claramente nas várias situações da nossa vida, mas Ele é o grande mestre das marionetes, no controle dos cordéis, ocasionando ou permitindo que as coisas aconteçam de acordo com os seus desígnios.

Ele deixa esse ponto bem claro para nós nessa espécie de história de Cinderela. Ele nos dá uma olhada por detrás das cortinas, capacitando-nos com as ferramentas necessárias para discernir quando Ele está agindo e qual a melhor maneira de seguir sua direção. E Ele age assim por meio da história. É verdade que nossa mente e coração amam a arte de uma boa história; e o livro de Ester foi roteirizado com uma dessas histórias. Se preferir, é um filme exibido na tela da nossa alma.

Assim, diferentemente da maioria dos livros que escrevo e sermões que prego, os quais giram em torno de um tópico ou princípio, este aqui seguirá o caminho da narrativa do começo ao fim. Vamos passar por cada capítulo do livro de Ester como se estivéssemos assistindo a uma cena em uma tela ou em um palco. Vamos avançar à medida que a história progride. Caminhar para onde a história nos levar. Virar onde o roteiro vira. Subir ou descer, assim como a história. Assim, teremos discernimentos à medida que as ideias são reveladas conforme cada capítulo desenrola-se diante dos nossos olhos.

A minha esperança para este livro é que, ao lê-lo, você aprenda a reconhecer o poder da providência em meio ao seu sofrimento, à sua dor, aos seus ganhos, às suas perdas e até no amor. Além disso, desejo que você descubra a natureza de Deus enquanto Ele conduz a humanidade pelos vários caminhos, entrelaçando cada um de nós no objetivo que Ele designou. Deus é o maior contador de histórias — o mestre das marionetes nos bastidores. Quando aprendemos como localizá-lo em meio ao que parece ser sua ausência, confiando nele pelos caminhos sombrios que a vida sempre dá, seremos colocados em nosso único caminho de propósito. É nesse caminho que você vai descobrir de que maneira você foi criado e colocado em sua própria história espetacular para um momento como este.

CAPÍTULO 1

O mestre das marionetes

Leia o "Prólogo".

Muitas pessoas pulam essa parte — na verdade, a maioria delas; mas recomendo seriamente que você volte e leia o prólogo se o pulou. Ele prepara o palco para a história. Ele lança as pedras para o caminho que estamos prestes a percorrer juntos. Ele dá o contexto do porquê estamos aqui. Ele nos apresenta ao mestre das marionetes.

Deus é o grande mestre das marionetes, agindo detrás das cortinas daquilo que podemos ver. Com um leve movimento da sua mão, Ele pode mudar uma cena inteira. Com o movimento de seu braço, ele alinha os personagens na narrativa do seu dia. Deus está constantemente mudando, alterando, conduzindo e estabelecendo todas as coisas, dando providência em favor do objetivo designado. Mesmo, e principalmente, quando você não pode vê-lo de jeito nenhum.

Nenhuma metáfora é perfeita, então é importante antes de seguirmos adiante destacar uma ressalva. As marionetes não têm liberdade. Elas são incapazes de fazer escolhas. A questão maravilhosa a respeito da providência divina é que Ele é capaz de resolver tudo de acordo com seus propósitos *sem negar a liberdade e as escolhas humanas*. Embora não consigamos entender totalmente como isso é possível, a Bíblia é clara sobre estas duas verdades: Deus é soberano e os seres humanos de fato escolhem suas ações.

Há vários momentos nas circunstâncias da vida nos quais você procura Deus e Ele simplesmente está escondido. Todos sabemos disso. Todos nós já vivemos isso. Há vários momentos em que Deus parece permitir acontecerem coisas que Ele jamais permitiria acontecer se Ele realmente se importasse com você. É como Pederson sendo linchado com as pilhas grandes e as garrafas de cerveja atiradas em sua cabeça. *(Está no prólogo.)*

Então há momentos em que você precisa de ajuda, você se sente perdido e se pergunta qual caminho seguir. Além disso, parece que Deus não está por perto para guiá-lo. Parece que você está andando sozinho em um caminho sombrio e assustador.

Como o personagem bíblico Jó, você pode coçar a cabeça e sussurrar silenciosamente para que ninguém ao seu redor ouça o seu medo. Como Jó, você pode até se perguntar onde Deus está. Como Jó, você pode murmurar silenciosamente: "Mas, se vou para o oriente, lá ele não está; se vou para o ocidente, não o encontro. Quando ele está em ação no Norte, não o enxergo; quando vai para o sul, nem sombra dele eu vejo!" (Jó 23:8-9).

Jó se sentiu sozinho. Jó se sentiu esquecido. Jó se sentiu abandonado pelo próprio Deus.

Já se sentiu como Jó? Se formos sinceros, todos nós já nos sentimos assim. É humano se sentir assim. Deus já viu isso antes. Ele conhece nossa estrutura. Ele sabe que somos pó (Salmos 103:14). É nesses momentos que só queremos que Deus se revele, assim sabemos que Ele está conosco. É nesses momentos que o buscamos, mas assim como o vento, Ele escapa ao nosso alcance. É nesses momentos que sua mão invisível se esquiva de nós, mesmo que suas palavras nos encorajem a continuar andando no caminho que Ele nos chamou para trilhar. Damos, no entanto, o próximo passo? Caminhamos em fé? Ou nos recusamos a prosseguir, querendo ouvir nossa própria versão das palavras sussurradas que lemos nas páginas empoeiradas das Escrituras, onde Deus se deixa perceber? Tais palavras como:

> Não tema, pois eu o resgatei; eu o chamei pelo nome; você é meu. Quando você atravessar as águas, eu estarei com você; quando você atravessar os rios, eles não o encobrirão. Quando você andar através do fogo, não se queimará; as chamas não o deixarão em brasas. Pois eu sou o Senhor, o seu Deus, o Santo de Israel, o seu Salvador (Isaías 43:1b-3a).

Mesmo na sua velhice, quando tiverem cabelos brancos, sou eu aquele, aquele que os susterá. Eu os fiz e eu os levarei; eu os sustentarei e eu os salvarei (Isaías 46:4).

Eu irei adiante de você e aplainarei montes; derrubarei portas de bronze e romperei trancas de ferro. Darei a você os tesouros das trevas, riquezas armazenadas em locais secretos, para que você saiba que eu sou o Senhor, o Deus de Israel, que o convoca pelo nome (Isaías 45:2-3).

Sejam fortes e corajosos. Não tenham medo nem fiquem apavorados por causa delas, pois o Senhor, o seu Deus, vai com vocês; nunca os deixará, nunca os abandonará (Deuteronômio 31:6).

Não fui eu que ordenei a você? Seja forte e corajoso! Não se apavore nem desanime, pois o Senhor, o seu Deus, estará com você por onde você andar (Josué 1:9).

Ansiamos ouvir algo assim. É sério, qualquer coisa. As confirmações de Deus fazem a gente saber que Ele sabe onde estamos e aonde Ele está nos levando. Confirmações de que não devemos ter medo, mas sim ter coragem e descansar em sua presença e poder. Mesmo quando parece que Ele está escondido.

Se já se sentiu assim, você não está sozinho. Na verdade, é um acontecimento comum sobre o qual Deus fala bastante em sua Palavra. Existe até uma teologia ligada à sua invisibilidade. É uma teologia conhecida como *providência*.

A providência de Deus — um subconjunto doutrinário sob a doutrina predominante conhecida como *soberania* — é uma verdade espiritual essencial que, conhecê-la e vivê-la, pode transformar radicalmente sua vida. Quando você é capaz de discernir como Deus agiu de modo providencial no passado e age de igual forma no presente, é capaz de atravessar os caminhos da vida com um propósito e objetivo que vão impulsioná-lo. Mesmo nesses momentos, dias, semanas, meses ou até mesmo anos, quando parece que não vemos, sentimos ou ouvimos Deus, saberemos que Ele está puxando os cordéis nos bastidores. Ele é o grande mestre das marionetes, dirigindo seu destino divino neste palco chamado vida. Saber disso vai capacitá-lo a fazer escolhas de acordo com a vontade de Deus e as prioridades do reino, em vez de fazer escolhas baseadas em suas próprias reações a fim de se preservar ou ter o controle.

Na verdade, um dos principais atributos teológicos de Deus é a soberania. A soberania simplesmente refere-se ao domínio de Deus sobre toda a criação. De acordo com Efésios 1:11, Ele faz todas as coisas segundo o propósito da sua vontade. Em Romanos 11:36, lemos o seguinte: "Pois dele, por ele e para ele são todas as coisas. A ele seja a glória para sempre! Amém".

Absolutamente nada foge do domínio e da influência de Deus. Ele é responsável por todas as

> *Absolutamente nada foge do domínio e da influência de Deus.*

coisas porque as criou. É Deus quem sustenta todas elas. Assim, ao iniciarmos nossa jornada juntos pelas profundezas, pelos abismos e pelas montanhas que constituem o terreno providencial de Deus, seu reino dá-nos os sinais que orientam nossa viagem; mas para entender o domínio de Deus, primeiro devemos entender o que Ele governa: seu reino.

Agora, se você é brasileiro, provavelmente você vive no Brasil. Se você faz parte do reino de Deus, é porque você nasceu de novo no reino dele. O motivo pelo qual você deseja uma total compreensão do reino enquanto busca entender a providência e a soberania não é só porque isso afeta o seu entendimento desses dois tópicos, mas também porque é o segredo para entender toda a Bíblia. O tema central unificador em toda a Bíblia é a glória de Deus e o avanço do seu reino. O fio condutor de Gênesis a Apocalipse — do começo ao fim — é focado em um elemento: a glória de Deus a partir do avanço do reino divino.

Se você não entende esse tema, então a Bíblia transforma-se em histórias desconectadas que são grandes inspirações, mas parecem estar desvinculadas do propósito e da direção. A Bíblia existe para compartilhar a ação de Deus na história por meio do estabelecimento e da expansão do seu reino, destacando a ligação em todo o reino. Compreender esse conceito aumenta a relevância desse manuscrito de vários milhares de anos para a sua vida diária, porque o reino não esteve somente no passado, ele é presente agora.

Ao longo da Bíblia, o reino de Deus é seu domínio e seu plano. O reino de Deus é abrangente, pois abarca tudo no universo. Na verdade, podemos definir o reino como o governo completo de Deus sobre toda a criação. É o domínio divino, e não o domínio humano, que é fundamental.

Agora, se o reino de Deus é completo, seu plano também o é. As prioridades do reino, portanto, podem ser definidas como *a manifestação visível do domínio abrangente de Deus sobre cada área da vida.* Isso tem sérias implicações para nós. O motivo pelo qual muitos de nós crentes estamos enfrentando dificuldades é que desejamos que Deus abençoe nossos planos em vez de nós cumprimos os dele. Queremos que Deus aceite nossos planos em vez de cumprimos os dele. Queremos que Deus nos dê a glória em vez de darmos a glória a Ele.

Não é assim, no entanto, que as coisas funcionam. Deus tem apenas um plano — o plano do reino dele. Precisamos descobrir qual é esse plano, assim podemos garantir que estamos trabalhando no plano do Senhor, e não no nosso.

A palavra grega que a Bíblia usa para reino é *basileia,* que significa "domínio" ou "autoridade." Nessa definição está o conceito de poder. Portanto, quando falamos do reino, primeiro falamos do rei ou de um governador. Falamos de alguém que está no comando. Agora, se há um governador, também tem de haver "súditos", ou as pautas do reino. Além disso, um reino inclui um âmbito, ou seja, um domínio no qual o rei governa. Se você vai ter um governador, súditos e um domínio, também precisa de regulamentos, diretrizes que governam a relação entre o governador e as pautas. Elas são necessárias para que os súditos saibam se estão fazendo aquilo que o governador deseja que seja feito. Finalmente, também há os rebeldes. Todos nós começamos uma rebelião contra o reino de Deus; isso exige sua obra quebrantadora em nosso coração para transformar-nos de rebeldes a súditos.

O reino de Deus inclui todos esses elementos. Deus é o governador absoluto de seu domínio, que engloba toda a criação. Da mesma forma, sua autoridade é total. Tudo que é governado por Deus é conduzido por Ele — mesmo quando parece que Ele não está comando. Mesmo quando a vida parece que está fora de controle, Deus está conduzindo o "descontrole."

O reino de Deus também tem suas "regras". Colossenses 1:13 narra que todos os que confiaram no Senhor Jesus Cristo como Salvador foram transportados do domínio das trevas para o reino do seu Filho amado. Se você é um crente em Jesus Cristo, sua obediência foi mudada. Você não se alia mais com Satanás, e sim com Cristo. E no caso de haver alguma dúvida, deixe-me dizer agora que não há meio-termo, não há como ficar em cima do muro. Existem apenas dois âmbitos na criação: o reino de Deus e o reino de Satanás. Somos alvos de um ou de outro.

O problema que temos na cultura cristã atual é que o povo define de modo errado o reino de Deus. Algumas pessoas secularizam e politicam o reino, pois acham que as soluções de nossos problemas vão cair do céu. O plano do reino de Deus é maior do que o âmbito político e social; nenhum deles é limitado pelas paredes da Igreja. Quando você foi salvo, o reino de Deus foi incutido em você, para que enquanto dirige sua própria vida possa ser mais bem posicionado a fim de alcançar a vida dos que estão de fora.

Confiar em Jesus Cristo para sua salvação vai levá-lo ao céu, mas confiar em Jesus Cristo para sua salvação não vai automaticamente trazer o céu até a terra para você. Adentrar o reino de Deus é pela conversão, mas trazer o reino de Deus para as manifestações da sua vida diária depende de compromisso e disciplina.

O compromisso acontece somente quando o Jesus no qual você depositou sua fé é também o Jesus que reina dentro de você — no reino do qual você faz parte. O objetivo do reino é manifestar na história as ações do céu em cada área de sua vida. Portanto, quando a história não reflete o céu [Venha o teu Reino; seja feita a tua vontade, assim na terra como no céu. (Mateus 6:10)], o reino de Deus não fica visível. O reino de Deus só fica visível quando a história imita o céu. Sua providência só se torna palatável quando você escolhe trilhar os caminhos do reino de Deus.

Adentrar o reino de Deus é pela conversão, mas trazer o reino de Deus para as manifestações da sua vida diária depende de compromisso e disciplina.

Unindo a soberania e a providência

A providência refere-se à forma como Deus controla a roda da história nos bastidores. Como mencionei anteriormente, a soberania é um subconjunto. Ou seja, a providência é um meio pelo qual Deus alcança sua soberania. A providência de Deus é o modo milagroso e misterioso pelo qual Ele cruza e interliga os fatos para ocasionar sua soberania.

A soberania divina é o que Ele deseja que aconteça.

A providência divina é a forma pela qual Ele estabelece os fatos e os conecta para que sua soberania aconteça.

Onde sempre interpretamos mal os fatos é na área da providência. Isso ocorre porque sem o total entendimento de onde as coisas são conduzidas (soberania) podemos ficar fantasiando as escolhas providenciais de Deus ao longo do caminho. Haverá momentos em que Deus permitirá ou até mesmo fará acontecer coisas que, aparentemente, contradizem à vontade dele. Para alcançar seu propósito soberano final, às vezes Deus vai permitir que os fatos aconteçam de um modo providencial que está fora de suas preferências. Isso acontece porque, em sua soberania, Deus vai permitir fatores que Ele não prefere só para alcançar seu plano final. Quando você entender a ligação entre a providência e a soberania, então será capaz de perceber as digitais divinas ainda que Ele "pareça" estar ausente. Geralmente Deus deixa como pista as suas impressões digitais, que só aparecem quando limpamos o pó. Nem sempre conseguimos ver como Deus tece, altera e ajusta as coisas para nos levar ao nosso destino e propósito pretendidos. Ele age nos bastidores, puxando os cordéis e preparando o palco de formas que, por vezes, parecem confusas e frustrantes, mas que produzem o melhor resultado.

Vamos pegar como exemplo assar um bolo. Se você comesse manteiga, ovos, farinha, açúcar ou qualquer outro ingrediente de um bolo separadamente, acabaria com um gosto horrível na boca. Ninguém coloca uma colher de farinha direto na boca. Você não faz isso. Pelo contrário, o que você faz é misturá-los para fazer um bolo. Algo delicioso resulta da combinação, e não de cada ingrediente separado e comido à parte.

Da mesma forma, o seu destino resulta da combinação dos ingredientes providenciais constantemente misturados; como um bolo assado no forno, ele é selado pelo calor e pelo fogo dos testes, das provações e dos desafios. Quando você e eu olhamos por conta própria para nossas próprias circunstâncias, é sempre fácil sentirmo-nos oprimidos ou insatisfeitos. É por isso que ter sempre em mente a ligação entre a providência e a soberania é essencial para motivar sua participação neste caminho. De outra forma, você pode simplesmente querer desistir.

Saiba que Deus pode pegar a farinha dos seus fracassos, o açúcar das suas vitórias, a manteiga das suas circunstâncias e misturá-los em sua batedeira soberana para alcançar seus propósitos por meio da sua providência. E para ilustrar como isso funciona, Ele colocou um livro chamado Ester dentro do Cânon das Escrituras, para que víssemos uma história completa onde seu nome nem sequer aparece e nenhuma referência direta é feita a Ele. Ele fez isso para apoiar sua verdade, que diz:

> Verdadeiramente tu és um Deus que se esconde, ó Deus e Salvador de Israel (Isaías 45:15).
>
> Em seu coração o homem planeja o seu caminho, mas o Senhor determina os seus passos (Provérbios 16:9).
>
> Muitos são os planos no coração do homem, mas o que prevalece é o propósito do Senhor (Provérbios 19:21).
>
> Não há sabedoria alguma, nem discernimento algum, nem plano algum que possa opor-se ao Senhor (Provérbios 21:30).
>
> O Senhor desfaz os planos das nações e frustra os propósitos dos povos. Mas os planos do Senhor permanecem para sempre, os propósitos do seu coração, por todas as gerações (Salmos 33:10-11).

Sim, Deus *é* soberano. Mas porque Ele nos deu liberdade como seres humanos, Ele tem de aliar o envolvimento providencial a fim de alcançar sua soberania. Ele não vai deixar que nossa liberdade frustre seus propósitos, então Ele deve alinhar a liberdade da humanidade aos seus planos de tal forma para criar uma trama chamada destino. Isso inclui até usar (mas não tolerar) o pecado, os pecadores e Satanás para alcançar seus propósitos soberanos.

Antes de mergulharmos na história de Ester, vamos dar uma olhada mais profunda nesses princípios de soberania para preparar o palco para a saga que vamos explorar. Considere-a o prato sobre o qual o bolo um dia vai estar. Nosso entendimento da soberania é o alicerce de tudo que vai acontecer.

O objetivo soberano de Deus

Uma das passagens mais citadas quando se trata dessa verdade é Romanos 8:28. Você já deve saber de cor e salteado. É o versículo preferido de muita gente. É uma passagem poderosa porque traz à luz essa questão da soberania e da providência. Ele diz: "Sabemos que Deus age em todas as coisas para o bem daqueles que o amam, dos que foram chamados de acordo com o seu propósito".

A palavra-chave nessa passagem é *age*. A posição divina como governador supremo sobre tudo o que Ele criou dá a Ele a oportunidade e responsabilidade para "agir" seja onde desejar. Por mais que a jornada seja difícil, por mais desafiadora que seja a viagem e por mais precários que sejam os caminhos, providência significa que Deus agiu para um propósito maior.

A maioria talvez já tenha ouvido sobre a cidade Providence, em Rhode Island. Essa cidade foi nomeada de Providence enquanto as colônias estavam sendo estabelecidas. Os peregrinos sentiram que Deus tinha supervisionado os eventos que os conduziram à sua chegada segura, bem como as provisões que receberam quando chegaram. Assim, eles atribuíram a intervenção soberana de Deus ao nome de onde escolherem residir. Isso serviria como um lembrete constante de que, a despeito de como as coisas podem ter parecido um dia, Ele tinha um destino para o qual os estava levando o tempo todo.

A providência é o governo de Deus sobre todos os acontecimentos, o que significa por exclusão que realmente não existe sorte, acaso ou casualidade. Nada foi deixado para o destino. Em vez de dizer que Deus age em algumas coisas, Romanos 8:28 diz que Ele age em *todas* as coisas.

E embora os peregrinos possam ter nomeado sua cidade corretamente de Providence, nem todos os nossos pais fundadores tinham um entendimento exato da mão invisível de Deus. Um bom número deles eram o que é chamado de "deístas". Os deístas são aqueles que creem em um Deus que criou tudo, mas depois abandonou tudo à própria sorte. É como dar corda em um relógio e depois deixá-lo trabalhar por si próprio. Em um sentido, um deísta crê que Deus abandonou sua criação para abrir caminho por meio das leis naturais que Ele estabeleceu. Assim, Deus é um Deus distante para eles. Certamente, Ele não está envolvido na vida diária.

Realmente não existe sorte, acaso ou casualidade.

Apesar disso, o princípio da providência argumenta que Deus não abandonou o mundo, mas opera dentro de sua criação para fazer tudo agir conforme a sua vontade imutável. Na verdade, Colossenses 1:17 diz claramente que "Ele é antes de todas as coisas, e nele tudo subsiste". Não só nele tudo subsiste, ele também nos une. Atos 17 relata:

> O Deus que fez o mundo e tudo o que nele há é o Senhor dos céus e da terra e não habita em santuários feitos por mãos humanas. Ele não é servido por mãos de homens, como se necessitasse de algo, porque ele mesmo dá a *todos* a vida, o fôlego e as demais coisas. (v. 24-25, ênfase do autor).

Tudo que eu e você temos foi dado a nós como resultado direto da escolha de Deus em fazer isso. Não há nada que você tenha recebido que não tenha sido criado por Deus ou criado pelas coisas que Deus criou. Talvez queira ler essa frase novamente, ou grifá-la. Isso é importante. Deus produz cada coisa. E porque Ele as cria, Ele também reivindica a soberania sobre tudo. Ele controla. Ele é o microadministrador perfeito e supremo. Ele está envolvido íntima e intrinsicamente em cada detalhe. Ele administra o universo e todos nós nele, no mais alto grau possível. E se Ele não o fizesse — se Ele simplesmente parasse, desse um passo para trás e deixasse de segurar o universo no lugar — todos nós seríamos destruídos em um instante.

Do seu ponto de vista, tudo faz sentido. Ainda assim, da nossa parte, o tempo pode parecer marcado por uma ordem infinita ou uma série de contingências que podemos chamar de "sorte", ou "acaso", ou mesmo "eventos aleatórios".

Mas é só como parece, e não como é. Porque com Deus nada é aleatório. Ele está trabalhando nos detalhes de tudo, e não apenas vendo isso acontecer. Além disso, ele está trabalhando os detalhes rumo ao seu objetivo providencial. Uma vez que eu e você entendemos seu objetivo soberano, podemos começar a entender seus caminhos.

O objetivo supremo de Deus sempre resulta na glória divina. Efésios 1 destaca para nós:

> Em amor nos predestinou para sermos adotados como filhos, por meio de Jesus Cristo, conforme o bom propósito da sua vontade, para o louvor da sua gloriosa graça... a fim de que nós, os que primeiro esperamos em Cristo, sejamos para o louvor da sua glória [...] que é a garantia da nossa herança até a redenção daqueles que pertencem a Deus, para o louvor da sua glória (v. 5-6a, 12, 14b).

A principal razão pela qual Deus está trabalhando em favor da sua vontade é "para o louvor da sua glória". Deus se empenha em garantir que tudo que Ele criou cumpra e satisfaça seu propósito, que é trazer glória para si.

Goste você ou não, Deus existe para sua própria glória. Agora, você pode lutar contra essa verdade, protestar contra ela, questioná-la, negá-la, rejeitá-la, acusá-la, ou qualquer outra coisa que queira fazer. Mas não importa o que você faça, você não vai mudá-la. Deus existe para Deus. E também tudo o que Ele fez, o fez para Ele.

É por isso que você está aqui. É por isso que estamos aqui. Fomos feitos por Deus. Nossa vida não depende de nós, depende dele e de sua glória. Se você não se importa tanto com essa verdade, então vá e faça o seu próprio universo, porque Ele fez este aqui, então Ele dita as regras.

Tudo que compete, nega ou minimiza a glória de Deus existe em um estado perpétuo de desalinhamento. Está fora de ordem. Deus fez *todas* as coisas para manifestar seus atributos, caráter e poder.

Há, contudo, outra razão pela qual Deus age em todas as coisas. Ele age para sua glória, mas também age por nós — para o nosso bem. Você vai se lembrar de Romanos 8:28, que diz: "[...] [Ele] age em todas as coisas para o bem...". Basicamente, isso significa que Ele está agindo para o nosso bem. A palavra *bem* significa "aquilo que é benéfico". Dessa forma, Deus também está procurando gerar benefícios e bênçãos em nossa própria vida, na vida daqueles que o amam e andam de acordo com os caminhos do seu propósito.

> *A principal razão pela qual Deus está trabalhando em favor da sua vontade é "para o louvor da sua glória".*

Por favor, não interprete mal esse versículo para aplicá-lo a tudo e a todos. Muitos o aplicam. Ele não diz que Deus age em todas as coisas, de todas as formas para cooperar para o bem. Não, o versículo refere-se principalmente àqueles que o amam e são chamados de acordo com seu propósito. Desse modo, existe o mal neste mundo. Coisas ruins acontecem. A suposição que é geralmente feita, quando o fazem, é que Deus não deve ser bom. Mas a presença das trevas não nega o poder da luz. A luz existe para expulsar as trevas, não para eliminá-la completamente. Romanos 8:28 não diz que Deus faz que todas as coisas *sejam* boas. Em vez disso, Ele faz que todas as coisas cooperem *para* o bem daqueles que o amam e seguem os seus caminhos. Sua mão invisível opera nos bastidores do que é bom, mau e cruel na vida. Ele prepara com as próprias mãos e conduz as várias circunstâncias em favor do objetivo pretendido.

Uma das nossas dificuldades em permanecer no caminho certo à medida que avançamos em direção ao nosso propósito é que não vemos o fim. Ficamos frustrados e sentimo-nos perdidos quando não podemos ver para onde estamos indo. Já se sentiu frustrado por se perder enquanto dirigia? Ou você esteve com alguém que ficou frustrado porque se perdeu enquanto dirigia? Quando, porém, contamos com a ajuda de um mapa, ou de um GPS, ou com as instruções de um estranho que sinalizou o caminho — as frustrações desaparecem. Isso acontece porque agora o trajeto é conhecido.

Entretanto, o que acontece conosco ao seguirmos Deus pelos caminhos de sua direção providencial é que Ele nem sempre dá as direções até o fim. Ele não nos dá uma visualização completa do mapa de modo que possamos ver cada curva que eventualmente faremos. Ele nos dá um vislumbre aqui, ou uma direção acolá, mas raramente o panorama geral. Assim, as pessoas sempre vivem em um estado perpétuo de frustração, sem saber como cada passo, cada dia, cada circunstância ou diálogo estão levando ao lugar certo. Sem uma visão completa da providência ligada à rendição da soberania, essas frustrações podem se acumular em uma sucessão de emoções opressoras que lhe ameaça, como uma avalanche em um dia nevoso.

Saiba que nada vem até você sem passar primeiro pelos dedos providenciais de Deus. Você precisa saber disso. Você precisa crer nisso. Você precisa confiar nisso. Você precisa descansar nisso. Essa mentalidade vai situá-lo para que você possa reagir aos desafios da vida, aos empecilhos e à suposta aleatoriedade com um espírito de intencionalidade e fé perseverante.

Quando você reconhecer os elementos característicos da mão invisível de Deus, vai descobrir os detalhes e a direção que o levam ao seu destino.

CAPÍTULO 2

Enxergando a mão invisível

As pessoas raramente gostam da providência.

É verdade. Somente quando a providência está nos conduzindo para um resultado palpável com recompensas visíveis é que realmente a aceitamos. Por quê? Porque nós, como seres humanos, preferimos a autonomia. A providência não abre mão do governo de Deus. Quando entendemos e aceitamos a providência de Deus, estamos renunciando aos nossos próprios caminhos, às nossas próprias buscas e manobras para tentar nos levar aonde sentimos que precisamos ir. Estamos desistindo. Não gostamos de desistir. Mas a providência levanta nossa mão. A providência sabe que Deus *está*, em última instância, no controle e que seu método de estar no controle sempre envolve voltas, reviravoltas e complicações que nos deixam preocupados.

Até agora a providência soberana de Deus pode apenas significar que Ele é o governador absoluto, o controlador e aquele que sustenta todos os aspectos de sua criação. Ele é o rei soberano e está dirigindo o universo. Ele é, pegando carona em um musical popular, o "maior apresentador" de todos os tempos. Sua façanha e sabedoria estabelecem as coisas, transforma-as, reverte-as e colocam as pessoas, as posições e os lugares em seu propósito destinado — muitas vezes sem nosso consentimento ou aceitação.

É porque Deus não precisa de nós tanto quanto pensamos que Ele precisa. Em sua providência, Ele falou por meio de uma jumenta para evitar que um profeta lançasse uma maldição sobre seu povo (Números 22:21-39). Em sua providência, Ele despertou um rei para posicionar Ester para salvar seu povo da aniquilação (Ester 6:1). Em sua providência, Ele usou os pés de sacerdotes e soldados cansados e famintos para marcharem em volta de uma muralha, ocasionando um dos feitos militares mais incríveis de todos os tempos (Josué 6:1-20). A providência de Deus e sua soberania existem, quer admitamos ou não. Assim, descobrir a importância de trabalhar, viver e avançar é uma das habilidades mais essenciais que cada um de nós pode ter.

Entretanto, infelizmente, essa sabedoria é sempre perdida em nosso ego. Por quê? Porque a maioria das pessoas quer fazer suas próprias vontades. A maioria quer se sentir no comando. A maioria quer ser a atração principal no circo de três picadeiros conhecido como a vida deles. Então, o que eles fazem para se livrar da verdade da soberania em sua mente é negá-la ou se rebelar contra ela. Ainda assim, negar a soberania de Deus ou se rebelar contra sua providência não fazem delas menos verdadeiras. Só faz você ou eu sentir que temos mais controle do que de fato temos.

Na verdade, a rebelião contra Deus está geralmente enraizada em um desejo de usurpar a soberania de Deus. No entanto, porque Deus é tão bom em ser soberano, Ele sempre receberá a rejeição de alguém à sua soberania e fará que isso coopere de qualquer maneira para seus propósitos soberanos. Ele é tão bom em alinhar as coisas (principalmente quando você não quer que Ele seja soberano), que Ele acaba sendo soberano sobre você, mesmo que você não o queira!

Pegue o exemplo de Faraó. Deus disse a Moisés para dizer a Faraó para libertar seu povo. Essa era sua vontade soberana. Deus determinou de modo soberano que seu povo seria livre. Dessa forma, Ele instruiu aquele que os mantinha como reféns para libertá-los por meio de seu servo Moisés. Porém, cada vez mais, Faraó recusava-se a cooperar ou render-se à vontade de Deus. Na verdade, Faraó ficou tão obstinado com tudo, que fez o povo de Deus trabalhar mais arduamente com menos ferramentas para fazer o serviço. Ele não só se recusou a deixá-los ir, como também os submeteu a um nível mais profundo de escravidão.

O que Deus fez? Deus usou a rebelião de Faraó contra sua vontade soberana para fazê-la acontecer. Descobrimos isso em Romanos 9, que diz:

E então, que diremos? Acaso Deus é injusto? De maneira nenhuma! Pois ele diz a Moisés: "Terei misericórdia de quem eu quiser ter misericórdia e terei compaixão de quem eu quiser ter compaixão". Portanto, isso não depende do desejo ou do esforço humano, mas da misericórdia de Deus. Pois a Escritura diz ao faraó: "Eu o levantei exatamente com este propósito: mostrar em você o meu poder e para que o meu nome seja proclamado em toda a terra". Portanto, Deus tem misericórdia de quem ele quer e endurece a quem ele quer (Romanos 9:14-18).

Essa passagem diz que o próprio Deus tem o poder de endurecer os corações. Em Êxodo 9:34-35, temos um vislumbre dessa progressão:

> Quando o faraó viu que a chuva, o granizo e os trovões haviam cessado, pecou novamente e obstinou-se em seu coração, ele e os seus conselheiros. O coração do Faraó continuou endurecido, e ele não deixou que os israelitas saíssem, como o SENHOR tinha dito por meio de Moisés.

Vemos nesses versículos que Faraó ficou obstinado. Seu coração ficou duro feito pedra, determinado a desobedecer a instrução que Deus havia dado por intermédio de seu servo Moisés. Faraó deixou claro, em termos explícitos, que não iria se submeter à vontade ou ao domínio de Deus. Assim, Deus concordou com Faraó, cooperando com a rebelião de Faraó ao fazê-la ficar ainda pior.

Deus tomou o coração endurecido de Faraó e fez dele o combustível para cumprir os propósitos.

Como resultado da ação de Deus ao endurecer o coração de Faraó, quando Faraó finalmente sucumbe às pragas e à pressão de Deus para libertar seu povo, essa mudança gerou para Deus uma glória ainda maior do que antes. Isso porque quando Faraó ficou cheio de raiva, ele tomou decisões tolas de perseguir Moisés e os israelitas a fim de capturá-los e trazê-los de volta como escravos. Embora, em um momento de fraqueza, após a morte de seu filho, Faraó tivesse deixado os israelitas partirem, ele rapidamente mudou de ideia e pôs-se a persegui-los. O coração endurecido de Faraó recusou-se a abandonar seu caminho, seu poder e sua vontade. Graças à perseguição empreendida por Faraó, Deus pode mostrar seu caminho, seu poder e a supremacia da sua vontade. Ao engolir o exército egípcio no coração do mar Vermelho, Deus transmitiu aos que estavam presentes, bem como aos descendentes deles, que Ele estava — e *está* — no controle. Não houve dúvidas sobre quem dava as ordens quando os egípcios não puderam escapar de Deus e foram, providencialmente, engolidos por completo.

Da mesma forma, Deus muitas vezes vai permitir que as coisas em nossa própria vida desapareçam, ou permaneçam inalteradas, a fim de nos levar a um lugar onde sua soberania seja vista. Seja em nosso próprio coração ou no de outra pessoa, a rebelião contra Deus gera mais rebelião, pois o Senhor usa esses momentos e situações para mostrar sua mão soberana.

A maior verdade que você pode conhecer sobre Deus (depois de ouvir e receber a mensagem da salvação) é a sua soberania. Pois quando você sabe que Deus *está* no controle — mesmo daquelas coisas que parecem estar descontroladas —, você é capaz viver a vida beneficiando-se das bênçãos da segurança, da paz e do autocontrole. Quando realmente entender que Ele está ao seu lado — e é seu maior defensor e redentor —, você não vai mais buscar resgatar a si mesmo. É somente aproximando-se dele de uma tal maneira que você pode ouvi-lo e, consequentemente, segui-lo que você experimentará a libertação em todas as áreas da sua vida.

Frequentemente, quando enfrentamos uma provação ou uma situação adversa na vida, tentamos entendê-la, consertá-la, examiná-la racionalmente etc. Não há, porém, lógica ou motivo para os egípcios perseguirem os israelitas até as águas abertas do mar Vermelho (Êxodo 14:27-28). Essa não é uma solução que Moisés poderia ter arquitetado sozinho. Essa não é uma estratégia que qualquer general militar teria colocado em prática.

Da mesma forma, quando você ou eu dependemos demais do nosso próprio raciocínio, ficamos vulneráveis ao que esse raciocínio vai produzir em vez de nos prepararmos para a intervenção de Deus.

Deus *está* no controle.

E caso você leia essa linha muito rápido, deixe-me escrever mais uma vez: Deus *está* no controle. Não importa como as coisas pareçam para você neste momento. Não importa que autoridade você sinta que seu chefe tenha sobre você neste momento. Não importa o que esse vício está lhe dizendo para fazer, ou aquele companheiro, ou aquela situação desesperadora na qual você se encontrou. Nenhuma dessas pessoas ou situações está no comando de verdade.

É, pode parecer que eles estão. Afinal de contas, faraó parecia ter controle sobre os israelitas. Mesmo quando seu exército perseguia os israelitas pelo deserto e empurrava-os contra uma enorme extensão d'água, ninguém sabia como eles iriam atravessar. O que você vê, no entanto, nunca é tudo o que há para ser visto. A soberania esculpe a água de formas diferentes e liberta as almas. A providência abre um caminho onde parecia não haver saída. A soberania ruge sua autoridade tão alto que mesmo suas maiores ameaças devem encolher-se sob o sopro de seu fôlego.

> *A soberania ruge sua autoridade tão alto que mesmo suas maiores ameaças devem encolher-se sob o sopro de seu fôlego.*

Deus *está* no controle. A sabedoria reconhece essa realidade e abandona as rédeas da autopreservação enquanto se agarra bem firme ao jugo de sua esperança. Envolver-se na verdade da provisão de Deus vai lhe ajudar a lidar com a vida nos dias bons e maus. Ao saber que Deus está no controle, você se livra dos conceitos de erros, sorte, acaso ou destino. Isso significa que você reconhece que as coisas não são aleatórias, mesmo que pareçam ser. Isso significa que você está no caminho que conduz a algum lugar com um propósito. Isso significa que você tem esperança.

A soberania de Deus é tão espetacular que Ele reina até mesmo sobre os detalhes infinitésimos enquanto, ao mesmo tempo, mantém as estrelas, a lua e o sol em seus lugares. Se pudéssemos colocar este próximo versículo nas profundezas de nossa psique a ponto de gerar nossas crenças, nossa vida se livraria da ansiedade e da tristeza. Em Salmos 115:3 relata-se: "O nosso Deus está nos céus, e pode fazer tudo o que lhe agrada". Basicamente, Deus está no controle; Ele faz o que quer fazer.

Deus é tão abrangente e completamente soberano que não há pesos e contrapesos capazes de fazê-lo ir mais devagar. Ele não precisa superar burocracias e obstáculos para executar suas decisões. Ele sustenta e desenvolve aquilo que Ele traz à existência.

Resumindo, ninguém pode ficar no caminho de Deus. Ninguém. Nem mesmo você. Nem mesmo eu. Nem mesmo aquele inimigo, força ou circunstância que está buscando afundá-lo. Nada pode frustrar o plano de Deus porque, como dizem as Escrituras, Ele "pode fazer tudo o que lhe agrada" (Salmos 115:3).

Agora, você pode estar do lado do bem da soberania divina ou estar do lado do mal da soberania divina. Isso não muda a soberania divina, apenas altera sua experiência pessoal com ela. É como quando um pai diz a um adolescente: "Podemos facilitar ou dificultar as coisas — depende de você". Significado: as escolhas do adolescente terão um impacto em como os pais ensinam a lição que estão tentando transmitir. E embora suas ações jamais determinem a providência de Deus, elas influenciam como essa providência é conhecida em sua vida.

Os planos de Deus podem se manifestar com a sua cooperação ou podem se manifestar apesar da sua rebelião. Independentemente disso, os caminhos e os planos de Deus acontecerão. Deus sabe que, seja qual for a direção que siga no caminho que Ele colocou diante de você, Ele vai levá-lo ao destino pretendido. Agora, devido às suas próprias escolhas, isso pode significar atrasos e caminhadas traiçoeiras — ou até mesmo, como foi com Moisés, deixar de vivenciar o sonho (Deuteronômio 34:4). Apesar disso, Ele vai continuar apontando a direção certa até que seu governo soberano seja alcançado.

Providência e responsabilidade pessoal

Agora, isso levanta uma grande questão em relação à responsabilidade pessoal. Visto que Deus é soberano e faz tudo o que escolhe fazer, então seria fácil presumir que o que eu faço não importa. Resignar-se a uma visão de mundo tal como essa é o que chamamos de "fatalismo". O fatalismo reflete uma mentalidade que separa a escolha pessoal das consequências, mas o fatalismo não é bíblico.

Enquanto as Escrituras ensinam corretamente sobre a soberania de Deus, elas também ensinam que dentro da soberania de

Deus nossas decisões são usadas como parte dos movimentos da história. Deus não descarta o que fazemos, Ele usa.

Deixe-me dar um exemplo com base em um dos meus esportes preferidos — futebol americano. No futebol, existem diretrizes soberanas que a National Football League (NFL), a liga esportiva profissional de futebol americano dos EUA, estabeleceu dentro das quais todos os times devem se manter. Isso declara e expõe a estrutura geral do jogo. Em seguida, para cada time há também um manual grande e detalhado que descreve as várias opções que um time pode utilizar para marcar pontos no jogo ou tentar impedir o outro time de marcar pontos.

Embora essas regras estejam todas estabelecidas, cabe aos treinadores e jogadores decidirem o que vão fazer em campo. Há liberdade para atuar tanto dentro das regras e de acordo com as jogadas que impulsionam um time quanto fora das regras ou com jogadas ruins. De qualquer forma, as escolhas dos treinadores e do time terão um impacto direto sobre o que acontece a seguir. Se escolhem atuar fora das regras de alguma forma, serão penalizados. E embora possa ter sido apenas um jogador que quebrou a regra, o time inteiro sofrerá o número de jarda adicional ou qualquer penalidade resultante do que possa ter ocorrido.

Na soberania de Deus, Ele estabeleceu limites dentro dos quais devemos atuar. Quando decidimos ultrapassar esses limites, Ele também permite que haja consequências ligadas a tais escolhas. As jogadas bem executadas dentro da estrutura e do alinhamento de seu domínio também trazem bons resultados. E embora Deus tenha uma vontade preferencial para cada um de nós, Ele também tem uma vontade permitida que se ajusta com base na liberdade que Ele nos concedeu em nossas escolhas.

Por exemplo, Deus tinha libertado os israelitas da escravidão para a terra prometida. Ele até mesmo tinha lhes dado líderes fortes, como Moisés, Josué e Calebe, que os levariam para as batalhas que deveriam enfrentar. No entanto, porque os israelitas escolheram rebelar-se contra Deus e temer aqueles ao seu redor na terra que receberam, Deus permitiu que vagassem no deserto por mais quarenta anos antes que a próxima geração pudesse cumprir sua promessa preferida (Números 32:13).

Culpar o diabo surge como uma reação automática quando as coisas começam a deteriorar-se em nossa vida. É fácil apontar o dedo e assumir que cada problema que enfrentamos é uma batalha espiritual. Agir assim, porém, nega a verdadeira compreensão de um princípio encontrado em Lamentações 3:37-38, que diz:

> Quem poderá falar e fazer acontecer, se o Senhor não o tiver decretado?
>
> Não é da boca do Altíssimo que vêm tanto as desgraças como as bênçãos?

A adversidade e o bem vêm do Senhor, e tudo depende de nossas próprias escolhas. Não foi Satanás quem manteve os israelitas vagando pelo deserto por quarenta anos. Foi Deus. Além disso — foram os próprios israelitas, ao se rebelarem contra o legítimo domínio divino em suas vidas. Embora Deus não crie nem tolere o pecado e a desobediência, Ele criou a liberdade humana na qual permite às pessoas escolher o pecado e, portanto, suportar suas consequências.

Uma visão correta da mão providencial de Deus vai aumentar nosso temor e nossa reverência por Ele em vez de reduzi-los. Isso ocorre porque é na compreensão da soberania que nos deparamos com sua santidade e com sua lealdade à sua própria santidade e governo. Embora o amor de Deus seja maior, mais amplo e mais profundo do que qualquer coisa que você ou eu já conhecemos, o compromisso dele com seu próprio governo como Rei sobre todas as pessoas criou limites dentro dos quais devemos sentir esse amor.

O propósito dos caminhos difíceis

Deus também costuma usar situações ruins na vida para desenvolver em seus filhos uma determinação maior, refinamento e maturidade. (Tiago 1:3; Romanos 5:4). Sempre que a soberania permitir algo que não seja agradável, lembre-se sempre de que isso também não é aleatório. Isso foi permitido por um motivo. Deus sempre tem um motivo para o que faz ou para o que permite. Como Lamentações 3:32 relata: "Embora ele traga tristeza, mostrará compaixão, tão grande é o seu amor infalível".

Podemos entender essa passagem melhor quando refletimos sobre ela do ponto de vista dos pais. Se você é pai e mãe e já disciplinou um de seus filhos, sabe que a tristeza causada pelo método da disciplina não tinha o objetivo de magoar seu filho. Se o seu filho foi impedido de comparecer a qualquer atividade divertida por causa da desobediência, você escolheu essa forma de punição para ensinar a seu filho uma lição mais profunda. Essa lição mais profunda também foi selecionada com a intenção de evitar que seu filho sofresse danos futuros. A disciplina é necessária para o desenvolvimento. E embora a ela nunca seja divertida, os pais amorosos sempre vão segui-la com compaixão.

Da mesma forma, Deus não nos disciplina por um espírito de mesquinhez ou malícia. A disciplina de seus filhos vem acompanhada de compaixão e do desejo de amadurecermos a tal ponto que não precisemos de mais disciplina no futuro.

Entender esse conceito de soberania vai resolver um grande problema para você e para a maioria das pessoas. É a questão da confiança.

É difícil confiar em Deus quando não se crê que Ele é soberano. Quando acontecem fatores em sua vida que são dolorosos ou parecem confusos, é fácil perder a confiança no controle e na bondade de Deus; é assim também quando você não compreende totalmente a soberania dele. Mas uma vez que se agarra a essa verdade e a segura com força — a verdade de que Ele é o soberano, o controlador, o sustentador e a autoridade sobre tudo — então os acontecimentos aparentemente desconexos da vida são tecidos juntos em uma trama do seu tempo perfeito. As complicações que parecem levá-lo de um lugar para outro no caminho percorrido na vida agora levam a algum lugar.

E embora não consiga ver o destino ou ser imediatamente aliviado das dificuldades, sua confiança no cuidado providencial e domínio soberano de Deus vai lhe dar a capacidade de descansar em vez de se preocupar, acalmar-se em vez de ficar ansioso, ou mesmo louvar em vez de reclamar.

Quando você entender a soberania de Deus, mesmo não entendendo o que Ele está fazendo neste momento, você vai aprender a ver Deus de uma maneira que nunca viu antes. Vai descobrir o poder da presença de Deus e o propósito dos planos dele. Como estamos prestes a descobrir ao mergulhamos na história e saga de Ester, você vai testemunhar uma grande reviravolta de pessoas, planos, propósitos e fases em que tudo parecia estar perdido.

CAPÍTULO 3

Envolvendo-se com Ester

Um dia, um sapo muito solitário foi até uma cartomante para ver qual seria seu futuro. A cartomante disse ao sapo solitário: "Não se preocupe porque, em breve, você vai encontrar uma garota que vai querer saber tudo ao seu respeito." O sapo imediatamente ficou animado. Então a cartomante continuou: "Ela realmente vai querer saber tudo ao seu respeito".

O sapo ficou tão animado ao saber que iria encontrar uma garota que queria saber tudo sobre ele, que então fez outra pergunta à cartomante: "Quando vou conhecê-la?".

Foi então que a cartomante respondeu de prontidão: "Semana que vem, na aula de biologia!".

Você consegue se identificar com essa situação? Bem, talvez não com o sapo ou a aula de biologia diretamente, mas muitos de nós podemos nos identificar com como a vida pode parecer estar indo muito bem por um momento, apenas para piorar abruptamente depois. Às vezes, se a verdade fosse dita, pode parecer que nossos sonhos estão finalmente se realizando, só para descobrirmos que o desastre os acompanha como uma sombra.

É em enredos assim que podemos questionar se Deus sabe ou não o que está fazendo. Também podemos supor que se nós tivéssemos a opção de "sermos Deus", certamente permitiríamos o que Ele parece permitir em nossa vida.

Tenho certeza de que é bem possível que Ester tenha se sentido da mesma maneira em algum momento de sua saga. Afinal de contas, em um instante ela se tornou a rainha de quase tudo. Então, não muito tempo depois, ela enfrentou a possibilidade de perder quase tudo — até mesmo sua própria vida — enquanto seu povo estava destinado à execução.

Mas estou me antecipando ao contar a história de Ester. Então vamos desacelerar e começar bem antes do começo. Assim, isso nos dará o contexto a partir do qual podemos entender e apreciar as mudanças providenciais de Deus — não apenas na vida de Ester, mas também em como esses princípios transcendem os nossos.

Os bastidores

As cortinas se abrem na história de Ester, como é no caso de muitas outras histórias épicas, com a figura central de um rei. O reino desse rei estendeu-se da Etiópia à Índia, incluindo 127 províncias. Como você pode imaginar, esse rei exercia um enorme poder. Eles o chamavam de Xerxes. Parece que Xerxes poderia ser um personagem de um filme de super-heróis da Marvel. Ele certamente viveu o estilo de vida de alguém com superpoderes. Como a maioria dos super-heróis, ele também tinha um segundo nome: Assuero. Esse era seu título. E outros ainda o conheciam por outro título: *Shahanshah,* que literalmente significa "rei dos reis". Dependendo de quem estava falando com ele, ou sobre ele, um nome ou outro seria usado.

No entanto, independentemente do nome usado, seu reinado era seguro e supremo, dentro dos limites de outro relato bíblico familiar. Dois relatos bíblicos familiares, na verdade. Os de Esdras e Neemias.

Como em muitos filmes ou peças de teatro, as cenas são inseridas perto do início para fornecer ao público o "pano de fundo". Esse bastidor quase sempre inclui o que é conhecido como "prenúncio". É aqui que descobrimos os motivos por trás dos personagens da história. É aqui que descobrimos por que o conflito que estamos prestes a testemunhar acaba ocorrendo. É aqui que nosso coração e nossa alma são iluminados sobre quem é bom e quem é mau e sobre porque os dois entram em conflito.

A história de Ester também tem um bastidor importante. Durante o tempo de Ester e seu rei, Deus estava ocupado trabalhando com seu povo, os israelitas, para conduzi-los de volta ao lugar da promessa que Ele havia lhes feito anos atrás. Os israelitas já haviam sido removidos desse lugar devido aos seus próprios pecados e às consequências de seus erros. No entanto, quando essas consequências chegaram ao fim, Deus moveu o coração de dois homens, Esdras e Neemias, para restaurar o que o pecado havia roubado. Ele começou instruindo os israelitas a retornarem a Jerusalém e reconstruírem seu templo, conforme registrado em Esdras 1:2, o que ocorreu no ano 538 a.C. Isso ocorreu durante o reinado de Ciro, o primeiro rei persa. Para colocar isso na linha do tempo de Ester, ela chegou ao poder como rainha em 478 a.C. (cerca de sessenta anos seguindo as primeiras instruções de Deus para reconstruir o templo).

Quem é o rei Ciro e como ele se identifica com Ester? Bem, a filha do rei Ciro, Atossa, casada com Dario, mais tarde deu à luz um filho. O casal deu ao seu filho o nome Xerxes. Assim, o rei Ciro era avô do rei Xerxes.

O rei de Ester tinha nascido na realeza. Mas antes que qualquer suposição seja feita sobre o que isso significa, deixe-me explicar que ele nasceu em um legado real, diferente de muitos poderes governantes daquela época. O rei Ciro (seu avô) e o rei Dario (seu pai) foram ambos reverenciados por governar com uma tendência para a liberdade humanitária e religiosa única naquela época.

As culturas daquela época normalizaram tanto a escravidão quanto a sujeição dos humanos, principalmente após uma conquista nacional. No entanto, "Ciro, o Grande" estabeleceu uma lei para garantir a liberdade de fé bem como a abolição da escravidão e dos serviços de trabalho forçado. Esse ato reformador conhecido hoje como Cilindro de Ciro é uma das primeiras declarações históricas de direitos humanos.

Esses dois reis que reinaram antes de Xerxes tinham a reputação de governar de maneira mais justa e reta do que qualquer outro rei. O poder deles era grande. A riqueza deles era imensa. E o orgulho deles certamente era titânico. Mas, por algum motivo na providência divina ao estabelecer o palco, o coração desses reis pulsaram em solidariedade para com aqueles que normalmente eram oprimidos (Provérbios 21:1).

Xerxes tinha de se esforçar para se sair tão bem quanto os reis anteriores, pois nascera em um legado de bons reinados. Ele havia subido ao poder durante a época em que a realeza persa capacitou os judeus a restaurar a casa do Senhor e retornar à sua terra.

Quando Xerxes garantiu o poder total, porém, o relacionamento entre os persas e os judeus estava cada vez mais tenso. Sua própria sede de poder contribuiu para isso. Os amigos de Ciro eram inimigos de Xerxes. Por exemplo, embora Ciro fosse amigo de inimigos como a Babilônia em sua época, Xerxes inverteu o relacionamento e subjugou-os. Ele derrubou suas estátuas de ouro, derretendo-as para que todos pudessem ver. Xerxes posicionou-se para ser o único governador. Ele não demonstrava misericórdia. Ele não estendia graça para ninguém. Seu coração batia no ritmo do domínio total, buscando conquistar e explorar tudo ao seu alcance.

Xerxes, no entanto, não só inverteu a natureza das relações externas fora da cultura persa, outrora cultivadas por seu avô e seu pai, como também teve a sua reputação de governante feroz percebida em seu próprio domínio. Conta-se a história de um de seus líderes, chamado Pítias (um descendente de rei), que certa vez recebeu um mau presságio sobre uma batalha que se aproximava, na qual Xerxes exigia que todos os homens em boa forma física lutassem. Pítias sentiu que a batalha era invencível e que perderia seus cinco filhos na derrota. Assim, ele perguntou ao rei se seu filho mais velho poderia ser poupado de entrar na guerra. Desse modo, Pítias poderia garantir a continuidade de sua descendência, bem como dispor de alguém para cuidar dele em sua velhice.

A resposta de Xerxes ecoou por toda parte, desmantelando a confiança de todos sob seu governo, enquanto a substituía por nada além de puro medo. Em vez de permitir que o filho mais velho de Pítias ficasse isento da batalha, Xerxes ordenou que seu filho mais velho fosse cortado ao meio. Em seguida, ele colocou uma parte do cadáver em cada lado da estrada em que seu exército, incluindo Pítias e seus quatro filhos restantes, marchariam enquanto se dirigiam para a guerra.

O rei de Ester não era um frouxo. Xerxes era um rei a ser temido e por boas razões. Assim, embora os judeus tivessem recebido algum nível de clemência de Ciro e Dario anteriormente, aqueles que viveram durante o reinado de Xerxes não teriam olhado para ele pelo mesmo motivo.

Para um momento além deste

Muito desse ódio contra os judeus estava enraizado em uma história compartilhada de batalhas, conquistas e uma sede sanguinária pelo poder. Entender a história de Ester por trás dos capítulos que encerram suas mais famosas façanhas e ganhos é essencial para compreender a providência de Deus. Como Daniel 2:21 relata: "Ele muda as épocas e as estações; destrona reis e os estabelece". É Deus quem opera as coisas fora do tempo, transcendendo gerações e ultrapassando estações que antes pareciam imutáveis. Os caminhos providenciais de Deus ziguezagueiam por uma multidão de pessoas, lugares e propósitos, a fim de se cruzarem para o objetivo pretendido de Deus. Por meio de uma série de reviravoltas e mudanças soberanas, a influência de Ester sobre o rei vai muito além do crédito que a reflexão contemporânea deu à ocasião. Enquanto ela é conhecida como a rainha que encontrou coragem para defender seu povo, "para um momento como este" (Ester 4:14), seu impacto foi além do que a maioria de nós pode supor. Ela empoderou seu povo para que eles se defendessem de um estratagema que os destruiriam por completo (como veremos à medida que avançarmos na história de Ester). A influência de Ester, no entanto, foi além do palácio. Foi além das festas e banquetes. Foi além da comemoração que mais tarde ela criou, o Purim. Foi além das páginas do livro bíblico que leva seu nome.

O impacto de Ester estendeu-se à própria Jerusalém.

Embora a reconstrução das paredes de Jerusalém seja quase sempre atribuída a Neemias (444 a.C.) — que veio após Ester no tempo linear (Ester torna-se rainha em 487 a.C.) —, o sucesso da restauração da comunidade pode ser tanto o legado de Ester como o de Neemias. Como assim? Foi durante o reinado de Artaxerxes, o filho de Xerxes (rei de Ester), que Esdras foi encarregado de se dedicar ao templo (Esdras 7:11-16) para os judeus. É também nessa mesma época que Neemias estava sendo preparado pelo Senhor para retornar à terra a fim de estabelecer o caminho para sua futura reabilitação. O caminho dos israelitas para casa começou quando Neemias, que servia como copeiro do rei Artaxerxes, parecia solene e sombrio em sua presença. Ao perguntar por que seu copeiro apresentava um semblante triste, o rei recebeu sua resposta quando Neemias disse-lhe que seu coração se entristeceu com a partida do seu povo e a destruição de sua terra (Neemias 2:1-3).

O rei Artaxerxes foi então movido de compaixão pelo que Neemias disse, então perguntou o que ele precisaria para ajudar seu povo a voltar para sua terra. Um plano confuso para reconstruir e restaurar foi criado e, para encurtar a história, o rei não apenas deixou um de seus servos mais fiéis ir (um copeiro literalmente carregava a vida do rei com suas próprias mãos), mas também fundou o plano de reconstrução para um povo considerado um inimigo em potencial.

Se você ler essa narrativa muito rápido ou simplesmente ver a apresentação dos fatos em um quadro, pode até não parecer estranho que um rei seja levado a fazer tanto por um povo que oficialmente não era o povo dele. Principalmente um rei que seguiu um antecessor determinado a explorar e destruir grupos de pessoas em todos os lugares.

Mas é por isso que Neemias 2:6 é tão essencial. Este versículo nos dá uma ideia do que pode ter influenciado uma resposta tão branda e generosa do rei da Pérsia para os judeus. Lemos:

> Então o rei, estando presente a rainha, sentada ao seu lado, perguntou-me: "Quanto tempo levará a viagem? Quando você voltará?" Marquei um prazo com o rei, e ele concordou que eu fosse.

Como podemos ver nesse versículo, o rei não estava sozinho quando falou com Neemias. A passagem relata que havia uma rainha sentada ao lado dele. E embora não saibamos exatamente quem era aquela rainha, pela natureza de sua resposta graciosa para com os judeus, podemos obter algumas ideias.

A cultura real na Pérsia permitiu que os reis tivessem muitas esposas e mulheres durante seu reinado; no entanto, eles normalmente escolhem uma mulher para o papel de "esposa chefe", também conhecida como rainha. Em muitos casos, se um rei morresse e seu filho tomasse o trono e a primeira esposa do rei ainda estivesse viva, ela ficava com o papel de "rainha-mãe". A maioria dos historiadores bíblicos afirmam que a rainha que se sentou com Artaxerxes durante essa conversa com Neemias foi Damaspia, mas há alguns que afirmarão que poderia até mesmo ter sido Ester, agora atuando como a rainha-mãe. De qualquer forma, a influência proeminente de Ester para com o povo judeu, sem dúvida, estendeu-se pelos corredores, corações e fendas desse grande império. Fosse ela sussurrando no ouvido do rei ou sendo mentora da rainha que a precedia, a atmosfera de compaixão para com os judeus havia sido restaurada.

O poder e o impacto nem sempre vêm por decreto direto. Na verdade, muitas vezes é a voz que ninguém mais ouve que orienta a voz que todos ouvem. Esse rei não só proveu os fundos para começar a reconstrução de Jerusalém, não só deu a Neemias a supervisão, mas também deu proteção contra qualquer um que ficasse no caminho. Isso está em total contraste com o reinado de seu antecessor e, sem dúvida, ligado diretamente com a presença da rainha Ester.

Seja qual for o caminho para chegar a esse ponto na cultura do palácio, a vida e o legado de Ester favoreceram um grupo de pessoas que poderia ter sido facilmente exterminado ou constantemente subjugado pelo domínio persa.

Das festas ao Purim

Os filmes de super-heróis, de várias formas semelhante à saga real de Ester, sempre incluem o passado dos pais, avós ou ancestrais porque conhecer o DNA de alguém, assim como sua história, dá ainda mais detalhes sobre o personagem. Conhecer a época também fornece o contexto. O livro de Ester encaixa-se cronologicamente entre os capítulos 6 e 7 do livro de Esdras. Ler os livros de Ester, Esdras e Neemias ajuda a ilustrar ainda mais o panorama histórico.

O livro de Ester começa com uma festa. As cortinas se levantam com um rei dando uma festa. O palco está repleto de gente rindo, dançando, bebendo, comendo e entretendo uns aos outros. Essa não é uma festa corriqueira. É uma festa dada pelo rei Xerxes. Essa é uma festa dada pelo rei que é uma lenda entre os reis. Um líder militante sobre um exército de milhões, você pode conhecer Xerxes melhor por sua única derrota em vez de por suas múltiplas vitórias. Você pode conhecê-lo melhor por seu ego insaciável do que por sua façanha estratégica.

Por ter conquistado terras, nações e povos, por ter aniquilado seus inimigos de modo brutal, desumano e cabal, ele pode ainda ser mais lembrado por uma batalha contra apenas alguns homens. O nome oficial da batalha era a Batalha das Termópilas. Muitos, porém, conhecem simplesmente como a batalha dos 300 de Esparta.

Em 480 a.C., 300 espartanos impediram um rei sanguinário de seguir e atacar a Grécia. Na versão cinematográfica desse confronto épico que vemos no filme *300*, podemos perceber o quão presunçoso Xerxes é. E embora o que foi dito no filme possa não ter sido dito literalmente na vida real, o sentimento abrangente retratado ali é verdadeiro para os registros históricos sobre esse homem e sua sede pelo poder. No filme, Xerxes olha para o comandante de seus inimigos e pede apenas uma coisa — ironicamente, a mesma coisa que Hamã mais tarde pedirá a Mardoqueu na história de Ester.

O rei Xerxes diz: "Leônidas, você quer ficar em pé. Tudo o que peço é que você se ajoelhe".

Se você conhece bem a história, ou se já viu o filme *300*, sabe que ajoelhar não era uma opção para os espartanos. Eles jamais se prostrariam diante dos persas, mesmo que isso significasse perder a vida. Pelo contrário, eles se levantaram e realizaram uma das maiores derrotas militares da história já registrada. Xerxes e seu exército reduzido retornaram à Pérsia mais tarde, cuidando não apenas de suas feridas físicas, mas também de uma *psique* coletivamente abalada.

Apenas alguns anos antes de a batalha acontecer com os 300 espartanos, antes da invasão da Grécia e antes que o *status* divino de Xerxes fosse totalmente desafiado, ele, porém, fez o que a maioria dos reis fazem. Ele deu uma festa. As Escrituras narram que foi uma festa espetacular. Também foi bem cara. E longa. Essa festa durou seis meses completos.

Essa festa incomum, bem como a festa subsequente de sete dias é mais bem descrita na versão bíblica:

> Durante cento e oitenta dias ele mostrou a enorme riqueza de seu reino e o esplendor e a glória de sua majestade. Terminados esses dias, o rei deu um banquete no jardim interno do palácio, de sete dias, para todo o povo que estava na cidadela de Susã, do mais rico ao mais pobre. O jardim possuía forrações em branco e azul, presas com cordas de linho branco e tecido roxo, ligadas por anéis de prata a colunas de mármore. Tinha assentos de ouro e de prata num piso de mosaicos de pórfiro, mármore, madrepérola e outras pedras preciosas. Pela

generosidade do rei, o vinho real era servido em grande quantidade, em diferentes taças de ouro. Por ordem real, cada convidado tinha permissão de beber o quanto desejasse, pois o rei tinha dado instruções a todos os mordomos do palácio que os servissem à vontade. Enquanto isso, a rainha Vasti também oferecia um banquete às mulheres, no palácio do rei Xerxes (Ester 1:4-9).

Resumindo, o rei não escondeu nada nessa festa. Por 180 dias, ele mostrou a força, a glória e o poder de seu reino a todos que podiam ver. Então, para finalizar, logo após a celebração de seis meses, o rei e a rainha deram duas festas separadas de sete dias para a nata da sociedade. Os homens festejaram em um local, enquanto as mulheres festejaram em outro.

No final dessa celebração de sete dias, algo providencial aconteceu. O rei ficou embriagado. Ou, como diz a Bíblia, ele "já estava alegre por causa do vinho" (Ester 1:10). Nesse estado de espírito, ele ordenou a seus líderes que trouxessem sua rainha Vasti e a fizessem desfilar diante dos homens que haviam festejado com ele para exibir sua beleza. Basicamente, ele queria que ela desfilasse nua na frente do pelotão. Ele quis exibi-la.

Mas a rainha se recusou. Sem dúvida, ela havia sofrido muito com o marido cruel, mas dessa vez, por causa de sua dignidade, ela se recusou a ser motivo de comentários. Em sua dignidade, ela disse não.

Dizer "não" para um rei pode trazer consequências. Sobretudo a esse rei. Como resultado de sua recusa, agora o rei enfrenta um dilema. Os amigos dele o incentivaram a banir a rainha e revogar seu título porque temiam que suas esposas se rebelassem baseando-se no exemplo da rainha. Vejamos o que disseram:

> Pois a conduta da rainha se tornará conhecida por todas as mulheres, e assim também elas desprezarão seus maridos e dirão: "O rei Xerxes ordenou que a rainha Vasti fosse à sua presença, mas ela não foi". Hoje mesmo as mulheres persas e medas da nobreza que ficarem sabendo do comportamento da rainha agirão da mesma maneira com todos os nobres do rei. Isso provocará desrespeito e discórdia sem fim. Por isso, se for do agrado do rei, que ele emita um decreto real e que seja incluído na lei irrevogável da Pérsia e da Média, determinando que Vasti nunca mais compareça na presença do rei Xerxes. Também dê o rei a sua posição de rainha a outra que seja melhor do que ela (Ester 1:17-19).

Basicamente, diziam que não precisavam de mais mulheres rebeldes e independentes no reino. Ele concordou. Assim, o rei baniu Vasti de ser sua rainha.

Algum tempo se passou entre a revogação do título da rainha Vasti pelo rei e a entrada de Ester no palco. Na verdade, quatro anos se passaram antes que a ira do rei contra Vasti diminuísse. Pode ser que a rachadura em sua armadura o tenha deixado vulnerável o bastante. Foi nesse período de quatro anos que ocorreu a invasão fracassada da Grécia e a derrota humilhante nas mãos dos espartanos. Sem dúvida, o ego dele havia sido atingido. Seja o que for que tenha culminado tudo, o rei ficou deprimido. Sabemos disso porque o segundo capítulo do livro de Ester começa com os assistentes do rei sugerindo que ele realizasse uma espécie de concurso de beleza para "fazer uma audição" e escolher uma nova rainha para ele. Eles queriam animá-lo. Assim, sugeriram que cada bela virgem fosse trazida até ele para encontrar a melhor opção para uma nova rainha. Eles devem ter presumido que isso poderia levantar seu ânimo.

A ideia parecia intrigante para o rei, então a busca começou. Um plano elaborado para localizar as mulheres tinha se desenvolvido: prepará-las com uma temporada de óleos e perfumes, em seguida, testá-las, por assim dizer, e cada uma ter uma noite com o rei.

É aqui que entra Ester.

Ester, também conhecida como Hadassa (um nome que significa "murto"), não tinha pai nem mãe. Ela ficou órfã com o passar do tempo, e seu primo Mardoqueu decidiu criá-la. Talvez tenha sido ele quem lhe deu o nome Ester, que significa estrela, em memória de seus pais; mas não temos certeza disso. O que sabemos, no entanto, é que a Escritura relata que Mardoqueu a acolheu como se fosse sua própria filha (Ester 2:7).

As Escrituras também nos revelam que Ester era uma mulher muito atraente. Ela é descrita como "bela de corpo e rosto". É lógico que a beleza de Ester a fez ser notada, e ela foi escolhida para ser uma das mulheres que seria colocada no curso de se tonar rainha. No entanto, além da beleza que a destacou, Ester tinha algo a mais. Como a música do grupo de R&B, The Temptations diz, "beleza não se põe na mesa". A aparência atrai olhares, mas só ela não é suficiente. É preciso mais do que isso. Ester possuía uma qualidade especial adicional — hoje em dia chamamos essa qualidade de carisma, compostura, presença ou autenticidade. Seja o que fosse, isso atraiu mais do que um simples olhar. Na verdade, a Bíblia aponta que ela foi favorecida pela pessoa encarregada de todas as mulheres, e esse favor deu-lhe, por fim, uma vantagem com o rei. Lemos:

> Quando a ordem e o decreto do rei foram proclamados, muitas moças foram trazidas à cidadela de Susã e colocadas sob os cuidados de Hegai. Ester também foi trazida ao palácio do rei e confiada a Hegai, encarregado do harém. A moça o agradou e ele a favoreceu. Ele logo lhe providenciou tratamento de beleza e comida especial. Designou-lhe sete moças escolhidas do palácio do rei e transferiu-a, junto com suas jovens, para o melhor lugar do harém (Ester 2:8-9).

O favor que Ester recebeu abriu portas para ela ter sete criadas, comida à vontade e cosméticos. Também a colocou no melhor lugar para morar enquanto se preparava para encontrar o rei. Ester, porém, não tinha apenas uma bela aparência e uma qualidade especial, ela também tinha sabedoria. Ela foi sábia o suficiente para ouvir seu primo Mardoqueu e não compartilhar com ninguém sua origem judaica. Ela foi muito sábia ao seguir as instruções dele para sua vida, pois ambos buscavam tal posição de influência para ela. Sabendo que essa era a oportunidade, Mardoqueu ficou por perto.

Todos os dias, de acordo com as Escrituras, Mardoqueu caminhava de um lado para o outro perto do pátio onde Ester ficava, para saber como ela estava e o que estava acontecendo (Ester 2:11). E todos os dias ele, sem dúvida, ouvia algo como "Ainda não". Até que, finalmente, chegou a vez de Ester passar uma noite com o rei.

Da maneira como a busca havia sido feita, cada mulher teria doze meses de preparação antes de se encontrar com o rei. E ao final desses doze meses, ela teria uma noite para causar uma impressão duradoura. Ela também foi autorizada a trazer qualquer coisa que quisesse para ajudar a tornar aquela noite mais memorável. Além disso, é possível que, quando a noite acabou, ela tenha guardado os itens que havia trazido consigo. Alguns podem ter considerado uma boa oportunidade para tirar alguma vantagem além do combinado. Lemos:

> Quando ia apresentar-se ao rei, a moça recebia tudo o que quisesse levar consigo do harém para o palácio do rei. À tarde ela ia para lá e de manhã voltava para outra parte do harém, que ficava sob os cuidados de Saasgaz, oficial responsável pelas concubinas. Ela não voltava ao rei, a menos que dela ele se agradasse e a mandasse chamar pelo nome" (Ester 2:8-9).

Era dada a mulher qualquer coisa do palácio que ela desejasse. A transição acontecia do primeiro harém onde cada uma era virgem. Em seguida, elas passariam uma noite com o rei e depois seriam colocadas no segundo harém, onde cada mulher não era mais virgem, tornando-se o que também é conhecido como concubina. Cada mulher poderia ser convocada novamente do segundo harém, mas apenas se o rei a chamasse pelo nome.

Como você pode imaginar, uma noite com o rei não era como passar uma noite brincando de palavras cruzadas. Era uma noite de sexo, fora dos limites do casamento. O que chama a atenção para um ponto interessante. O adultério e a fornicação eram proibidos na lei de Deus. Além disso, era proibido aos judeus se casarem com pagãos (Deuteronômio 7:1-4). Mas, mesmo assim, Ester foi colocada de modo providencial para tal. E embora o nome de Deus não apareça em nenhum lugar do livro, Ele ainda é o mestre das marionetes que age nos bastidores. Então, temos tal fato acontecendo fora do ideal de Deus, das suas formas prescritas, e ainda assim está acontecendo. O que é um lembrete de que nunca podemos encaixar Deus em nosso modo de pensar. Sua providência permite ou coopera para o bem, para o mal e até para o cruel a fim de cumprir o objetivo pretendido.

É importante lembrar aqui que, para Deus, os fins justificam os meios. Ele está movendo tudo para seu fim, e Ele consegue isso de modos misteriosos. Para Deus os fins justificam os meios porque Ele é onisciente e sábio. Não somos oniscientes nem sábios. Tudo o que temos é a Palavra de Deus dada na Bíblia. Portanto, o fato de Deus permitir e usar o bem, o mal e o cruel ao seu favor não nos dá licença para desobedecer a seus mandamentos na esperança de que o fim valha a pena. Deus é Deus, e só Ele tem tal sabedoria. Nós somos chamados a obedecer.

Ester sabia disso. Ester confiava nisso. Ela também sabia que essa era sua oportunidade de alcançar um *status* mais elevado na vida do que ela e sua família jamais conheceram. Embora ela fosse bonita, sabemos que todas as mulheres escolhidas para a audição também eram lindas. Garantir a coroa exigia mais do que olhares de admiração. É por isso que Ester aproximou-se do eunuco do rei, aquele em quem ela havia encontrado favor. Se alguém conhecia as preferências do rei, esse alguém era o eunuco. Assim, quando chegou a hora de Ester entrar nos aposentos do rei, ela aceitou apenas o que Hegai aconselhou. Lemos:

> Quando chegou a vez de Ester, filha de Abiail, tio de Mardoqueu, que a tinha adotado como filha, ela não pediu nada além daquilo que Hegai, oficial responsável pelo harém, sugeriu. Ester causava boa impressão a todos os que a viam. Ela foi levada ao rei Xerxes, à residência real, no décimo mês, o mês de tebete, no sétimo ano do seu reinado. O rei gostou mais de Ester do que de qualquer outra mulher; ela foi favorecida por ele e ganhou sua aprovação mais do que qualquer das outras virgens. Então ele colocou nela uma coroa real e tornou-a rainha em lugar de Vasti (Ester 2:5-17).

Por que o rei amou mais a Ester do que todas as outras mulheres? Por que Ester recebeu o favor do rei da mesma forma que ela havia recebido o favor do eunuco dele um ano antes? A narrativa registrada nas Escrituras não afirma isso explicitamente, mas podemos fazer essas suposições com base no que foi dito. Você vai perceber que todas as outras mulheres pegaram o que queriam do primeiro harém. O que quer que elas tenham levado aos aposentos do rei, no dia seguinte, foi levado com elas para o segundo harém. Caso contrário, os itens teriam simplesmente se acumulado nos aposentos do rei. Depois de um ano de preparação, essa era a oportunidade de garantir para si algo a mais. No entanto, quando Ester entrou na presença do rei, ela não pegou nada além do que o eunuco aconselhou.

Tenha em mente que um rei não sabe em quem pode confiar. Quando se é o rei, não se sabe quem é verdadeiro e autêntico. Não se sabe se querem você ou suas posses. Se querem você ou apenas andar em sua carruagem. Se querem você ou um armário no palácio cheio de linho fino e joias.

O ponto que o autor do livro de Ester quer ressaltar é que Ester não era como as outras mulheres. Ester não pediu nada. Ela não estava tentando ser promíscua ou oportunista para conseguir tudo o que podia. Ela não estava tentando fazer joguinhos com rei. Pelo contrário, ela estava tentando conquistá-lo. Há uma enorme diferença entre as duas coisas.

O rei também sabia disso. Então, ele a transformou em sua rainha.

Ester tinha algo diferente nela. Algo especial. Ela não saiu correndo e colou adesivos "para um momento como este" em todas as suas carruagens. Ela não tomou sua posição de rainha como garantida nem a negligenciou. Ester sabia que o favor recebido podia ser tirado tão rápido quanto fora dado. Ela também sabia que a beleza não dura para sempre e as coroas podem cair tão facilmente quanto os esmaltes nas unhas. Não, Ester pensava a longo prazo. Seu rosto era lindo, mas sua mente era estratégica e seu coração era humilde.

É por isso que não muito depois de tornar-se rainha, ela fez o certo diante do grave perigo. Enquanto estava sentado no portão do rei, Mardoqueu descobriu um complô entre alguns cidadãos furiosos que queriam matar o rei. Era um complô homicida. Quando Mardoqueu contou para Ester, ela informou o rei. Ela arriscou sua reputação pela confiança em seu primo. Ester não ouvira por si mesma o complô. Ela sabia que haveria uma investigação para averiguar se era verdade ou não. Mas Ester demonstrou sua própria lealdade ao rei e à sua longevidade ao contar-lhe o plano. A informação foi investigada e descobriu-se que era verdadeira, os dois oficiais foram enforcados. Tudo isso foi escrito nos registros históricos (Ester 2:23). Mais tarde, esses registros históricos provariam ser essenciais ao ajuste providencial de Deus na libertação final de seu povo em uma trama cheia de reviravoltas.

O nome de Mardoqueu acabou sendo citado no livro das crônicas do reino e mais tarde tornou-se conhecido do rei, que durante um episódio de insônia, pediu que lessem esse livro para que pudesse dormir. Mardoqueu teve seu nome registrado nesse livro porque estava próximo ao portão do palácio onde um membro de sua família era a rainha. Por estar no portão, ele ouviu uma conversa sobre um complô para assassinar o rei. Veja bem, quando o mestre das marionetes age nos bastidores da nossa vida, ainda que Ele não seja visto ou seu nome não seja revelado, Ele sempre está fazendo algo bem maior do que você ou eu podemos ver. Você precisa confiar nele onde você está. Ele é o único que pode transformar uma bagunça em um milagre. É por isso que a expressão "o diabo está nos detalhes" não é totalmente certa. Pois, uma vez que você entende a providência de Deus, saberá que Deus está nos detalhes mais ainda. Como vemos, Ele concedeu a Ester um favor a fim de ela ter um papel de influência quando fosse mais apropriado.

> *Ele sempre está fazendo algo bem maior do que você ou eu podemos ver.*

Deus também colocou você onde você está. Isso pode não fazer sentido para você agora, mas se você aprender a confiar no coração do Senhor mesmo quando não conseguir ver a mão divina, vai descobrir — como Ester — que Ele conhece o caminho que você está trilhando e sabe como levá-lo aonde Ele deseja que você esteja, para que possa cumprir o maior nível de impacto do reino em seu próprio legado.

CAPÍTULO 4

Os pré-requisitos do propósito

Muitos cristãos terão gastado a maior parte da vida subindo a escada do sucesso apenas para descobrir, no fim, que ela estava encostada na parede errada. Em um esforço para atender aos padrões de nosso sistema mundial, bem como o que nosso mundo chama de "sucesso", muitos perderam os propósitos de Deus. Eles podem ter obtido sucesso na carreira, na educação e nas finanças, mas terão fracassado diante de Deus por não ter concluído a obra para a qual Ele os criou. Eles nunca terão vivido seu propósito, seu destino ou sua razão de ser divinamente designado.

No entanto, uma das razões pelas quais não somos arrebatados no momento da conversão é porque Deus nos deixou aqui para realizar e cumprir o propósito do reino. Infelizmente, hoje, é muito fácil ser pego buscando a coisa errada. Embora isso possa incluir a busca de pessoas, posses, salários, poder, popularidade — e talvez até mesmo uma pitada de piedade para fazer a gente se sentir melhor —, quando nossas ações não estão ligadas ao reino e ao plano abrangente de Deus, erramos o alvo.

À medida que percorremos o caminho da vida de uma mulher chamada Ester, descobrimos que as impressões digitais de Deus aparecem por toda parte. Vimos como Ele pode pegar uma jovem órfã e fazer que ela suba à realeza. Uma escrava pode tornar-se uma rainha. A beleza que Deus lhe deu, de corpo e de rosto, chamou a atenção do servo do rei, o que o encorajou a ajudá-la nos preparativos para achegar-se ao rei. Dizer que Ester subiu a escada do sucesso seria um eufemismo. Ela é o retrato do sucesso, a personificação do favor providencial.

Retomamos a história de Ester do ponto em que paramos, e ela entrou em uma fase de glória, de poder e de posição elevada. Esse era seu tempo. Esse era seu momento. Já nos primeiros capítulos da história de Ester, descobrimos que ela conseguiu alcançar o palco do mundo em todos os sentidos.

É comum as pessoas falarem sobre "conseguir" ou sobre ser o seu "momento" ou a sua "hora". Talvez você também tenha dito coisas desse tipo. Quando a vida começa a ir de vento em popa, é fácil erguermos a cabeça e soltarmos uma forte gargalhada como sinal de sucesso. E embora seja fácil chegar a tal conclusão sobre nossa vida, como podemos realmente saber quando Deus nos preparou para nossa fase? Como sabemos que chegou o nosso momento — aquele período na história em que Deus usa o que é bom, mau e cruel para conduzir você a um lugar proveitoso para o plano do seu reino?

A resposta para essa pergunta pode surpreendê-lo. Muitas vezes, podemos confirmar se chegou a nossa hora de sermos usados poderosamente por Deus quando enfrentamos um dilema, ou uma consequência, com o qual não sabemos bem como lidar sozinhos. Nossa "hora" não se resume àqueles momentos em que chovem bênçãos e tudo na vida vai bem. Não, nossa "hora" chega quando nossa utilidade para o reino corresponde ao nosso chamado. Na verdade, a "hora" de um indivíduo é geralmente precedida por uma sucessão de testes. É exatamente isso que aconteceu com a rainha Ester no começo do livro, no capítulo 3.

Como podemos realmente saber quando Deus nos preparou para nossa fase?

Nos primeiros versículos desse capítulo, aprendemos que o rei promove um homem chamado Hamã e o faz avançar, estabelecendo sua autoridade sobre todos os príncipes que estavam com ele. Como resultado de sua promoção, cada servo do rei tinha de se curvar e prestar homenagem a Hamã. Afinal de contas, Hamã agora era a segunda pessoa mais poderosa no Império Medo-Persa. Devido à posição de Hamã, o rei decretou que queria o reconhecimento público de sua promoção por meio de uma demonstração de humildade e honra em forma de reverência.

Imediatamente, todos começaram a se curvar diante de Hamã. Aliás, todos exceto o primo da rainha Ester, Mardoqueu. Sempre que Hamã passava pelos portões da cidade, as pessoas em todos os lugares assumiam sua posição de servos e se curvavam. Até que Mardoqueu recusou-se a se curvar. Mardoqueu relacionou o ato de se curvar e prestar homenagem com o de oferecer adoração, o que seria idolatria. E embora pudesse respeitar o papel e a posição de Hamã sobre ele, Mardoqueu não poderia adorar ninguém a não ser Deus.

Em Ester 3:3, lemos o que Mardoqueu enfrentou como resultado de sua decisão: "Então os oficiais do palácio real perguntaram a Mardoqueu: 'Por que você desobedece à ordem do rei?'".

Os servos de Hamã eram tão insistentes que falavam com Mardoqueu diariamente sobre sua recusa de se curvar. Eles lhe deram todas as chances do mundo para alinhar-se ao decreto governamental de se curvar diante do segundo homem mais poderoso do reino. Quando Mardoqueu não reagiu da maneira esperada, levaram a queixa direto para Hamã.

Hamã ficou muito ressentido com a indiferença de Mardoqueu com relação à sua estima pessoal e honra. Na verdade, lemos em Ester 3:5 que a recusa de Mardoqueu encheu Hamã de ódio. Hamã, como o rei a quem servia, o qual exigira que os trezentos espartanos se ajoelhassem diante dele, prosperava no poder. Ele "estava cheio de raiva". A raiva era tanta que ele estava determinado a não apenas assassinar Mardoqueu, como também matar todo o povo de Mardoqueu, os judeus.

O orgulho de Hamã o fez decidir exterminar um povo inteiro vivendo em seu domínio. A falha de um homem em reconhecer o poder de Hamã provocaria um genocídio.

Por outro lado, como já vimos, a raiz do ódio de Hamã não estava somente na falta de honra da parte de Mardoqueu. Havia uma história entre os judeus e os persas, uma história de violência, guerra e divisão. Mardoqueu simplesmente desencadeou uma rixa de séculos, incitando esse político com sede de poder.

Ao trazer ao rei a ideia de livrar-se dos judeus, Hamã reformulou o problema em questão para que parecesse mais um desrespeito ao governo e autoridade do rei do que uma rejeição ao próprio Hamã. Hamã não tinha subido ao poder só pelo seu empenho. Essa manipulação sutil do problema alfinetou bem fundo o coração do rei quando Hamã explicou:

> Então Hamã disse ao rei Xerxes: "Existe certo povo disperso e espalhado entre os povos de todas as províncias do teu império, cujos costumes são diferentes dos de todos os outros povos e que não obedecem às leis do rei; não convém ao rei tolerá-los. Se for do agrado do rei, que se decrete a destruição deles, e eu colocarei trezentas e cinquenta toneladas de prata na tesouraria real à disposição para que se execute esse trabalho" (Ester 3:8-9).

Você vai perceber que não há menção de Mardoqueu. Nem menção à necessidade de Hamã em ser honrado. Pelo contrário,

Hamã dissimuladamente buscava destruir os judeus não só os colocando totalmente contra os interesses e às leis do rei, mas também oferecendo uma recompensa pela aniquilação do povo. O versículo seguinte mostra a resposta do rei, mas também destaca um elemento importante nos bastidores dessa história. Lemos: "Em vista disso, o rei tirou seu anel-selo do dedo, deu-o a Hamã, o inimigo dos judeus, filho de Hamedata, descendente de Agague" (v. 10).

Hamã era um agagita. Na verdade, essa questão não devia passar despercebida; afinal, por várias vezes o livro de Ester avisa que ele é um agagita. Isso pode não representar muita coisa para você agora, mas Deus não desperdiça suas palavras. Esse fato tem uma história por detrás.

Veja, os agagitas vieram de um lugar chamado Agague. A cidade de Agague é encontrada nas Escrituras em 1Samuel 15:1-23. Resumindo, Agague é a sede dos amalequitas, e estes estavam tentando destruir os judeus bem antes de Hamã aparecer em cena. Muitos anos atrás, quando Saul era rei, Deus lhe disse:

> Assim diz o SENHOR dos Exércitos: "Castigarei os amalequitas pelo que fizeram a Israel, atacando-o quando saía do Egito. Agora vão, ataquem os amalequitas e consagrem ao SENHOR para destruição tudo o que lhes pertence. Não os poupem; matem homens, mulheres, crianças, recém-nascidos, bois, ovelhas, camelos e jumentos" (1Samuel 15:2-3).

Deus deixou profundamente claro que Ele desejava que o rei Saul exterminasse os amalequitas pelo que fizeram a Israel e pelo que eram capazes de fazer caso fosse-lhes permitido avançar. Saul, no entanto, pensou que era mais esperto do que Deus e assim decidiu não matar o rei. Em vez de obedecer a Deus por completo, Saul obedeceu parcialmente — que é, na realidade, uma total desobediência. Foi permitido ao rei Agague viver, resultando em um legado ferozmente contra os judeus. Esse é o ponto em que estamos no livro de Ester, o momento em que o fruto da raiz que não havia sido poupada anteriormente está mais uma vez erguendo sua cabeça maligna contra os Israelitas.

O princípio do passado permanece o mesmo atualmente. É naqueles momentos em que oferecemos a Deus apenas uma obediência parcial que permitimos que o fruto de nosso pecado não confessado permaneça em nossa vida e nas circunstâncias por muito mais tempo do que devia. Quando você e eu deixamos de lidar com algo que Deus disse para lidarmos anos atrás, continuaremos tendo de lidar com as repercussões dessa decisão.

Toda a raça judaica enfrentou o extermínio nas mãos e no coração de um inimigo de anos passados. O ódio de Hamã estava envolvido em mais questões do que apenas a falta de honra em nome de Mardoqueu. O ódio de Hamã veio acompanhado de vingança e represália. Seu ódio agitou-se em nome do sangue de seus ancestrais. Sua sede de poder sobre os judeus não surgiu simplesmente da posição elevada de Mardoqueu. Pelo contrário, foi a fundo em uma história repleta de conflitos raciais. Mas se Saul, o líder do povo de Deus, Israel, tivesse obedecido aos mandamentos de Deus, Hamã nunca teria entrado em cena ameaçando destruir os judeus.

Assim, seu plano e complô para livrar-se da nação judia foi gravado em pedra, ou — por assim dizer — no anel de sinete do rei. O rei havia concordado, e agora Ester e seu povo estavam prestes a serem aniquilados.

Isso nos leva a outro princípio básico sobre como discernir se é a sua hora — o seu momento. Você sabe que é a sua hora quando Deus une o preparo espiritual com a batalha espiritual. Veja bem, Hamã era um agente do diabo, cujo objetivo era frustrar os propósitos de Deus na terra. No Antigo Testamento, esse objetivo era colocado em prática, antes de mais nada, a partir da perseguição e destruição do povo judeu, visto que foi do meio desse povo que nasceu o Messias. No Novo Testamento, bem como na época em que vivemos, esse objetivo tem a ver com o silenciamento da eficácia da Igreja, bem como do povo que serve como agente de Deus.

> *Você sabe que é a sua hora quando Deus une o preparo espiritual com a batalha espiritual.*

Para atingir esse objetivo, Satanás usa pessoas e sistemas na tentativa de destruir o plano, as promessas e os propósitos de Deus. Na época de Ester, esse alvo girava em torno do povo judeu. Deus dissera que Ele exaltaria, estabeleceria e protegeria esse grupo de pessoas porque ele seria o povo do qual viria o Messias. Assim, ao longo da história da cultura judaica, há um padrão de genocídio e destruição. Isso ocorre porque todas as vezes em que Deus estiver se preparando para usar alguém — ou um grupo de indivíduos — haverá batalhas a serem vencidas. Eles terão de enfrentar uma oposição espiritual. O foco principal de Satanás é tentar destruir o plano e o propósito de Deus na vida daqueles que são chamados para servir ao Senhor.

Entenda, sua vida não é apenas sobre você. É sobre o plano maior que Deus tem, do qual você faz parte. Livrar-se de Mardoqueu não se travava apenas disso. Isso foi uma ferramenta nas mãos de Satanás usada para mover uma peça a fim de eliminar um povo inteiro — o povo por meio do qual Jesus viria mais tarde.

As batalhas espirituais ocorrem nos caminhos que levam ao propósito porque há um inimigo à espreita nesse mesmo caminho, e ele não quer nada mais do que impedir sua jornada.

Antes que Davi pudesse ser reconhecido como o futuro rei de Israel, primeiro ele teve de ir à batalha. Ele teve de enfrentar Golias. Foi só quando derrotou Golias que Davi começou a preparar-se para assumir o trono. Antes de elevá-lo ao seu propósito final, Deus permitiu que ele passasse por uma batalha espiritual.

A batalha espiritual é sempre um pré-requisito para o propósito espiritual. Se você não está disposto a demonstrar que é capaz de lidar com as questões espirituais que Satanás traz em sua vida visando frustrar o propósito de Deus, então você não está pronto para cumprir seu destino espiritual final. O que Deus quer saber antes de lhe dar a responsabilidade espiritual é se Ele pode confiar em você para usar com sabedoria e autocontrole as armas espirituais quando tudo ficar difícil. Ele quer saber se o espiritual não será deixado de lado quando os problemas naturais da vida aparecerem. Quando os desafios surgem, é muito fácil começar a confiar em suas próprias habilidades. É fácil tornar-se mundano e deixar de lado o espiritual quando os caminhos divergem na escuridão. É somente quando você confia nas armas espirituais para as batalhas espirituais que Deus vai liberar você para viver a sua hora, o seu momento — seu propósito final na vida.

Mardoqueu demonstrou lealdade e compromisso diante da perseguição. Mardoqueu demonstrou lealdade e compromisso ao se levantar e aconselhar Ester até aqui. Como resultado, foi preparado o palco para as maiores batalhas espirituais de todos os tempos. Antes disso, no entanto, haveria um intervalo.

De acordo com os versículos 12 e 13, os escribas do rei reuniram-se no décimo terceiro dia do primeiro mês para alertar os judeus por carta e por um mensageiro que o rei planejava que seu exército os matasse e os aniquilasse no décimo terceiro dia do décimo segundo mês, apoderando-se dos bens deles como despojo. Há um espaço de onze meses entre o momento da declaração e o tempo planejado da execução.

Hamã, porém, não pretendia fazer um intervalo de onze meses. Pelo contrário, ele contava com o acaso para informá-lo e instruí-lo. Lemos em Ester 3:7: "No primeiro mês do décimo segundo ano do reinado do rei Xerxes, no mês de nisã, lançaram o pur, isto é, a sorte, na presença de Hamã a fim de escolher um dia e um mês para executar o plano. E foi sorteado o décimo segundo mês, o mês de adar". A sorte foi literalmente lançada diante de Hamã para determinar a data da destruição dos judeus.

Como vimos até agora em nosso estudo sobre a providência, não existe acaso. O intervalo de onze meses que o lançar da sorte proporcionou foi realmente estabelecido por Deus. Ele era o mestre das marionetes nos bastidores, organizando os tempos, as fases e os eventos para o resultado pretendido. Tenha em mente que, sempre que Deus cria um intervalo antes de qualquer mal ocorrer, tal intervalo é sempre uma boa notícia em uma situação ruim.

Lembre-se de que Deus disse a Nínive por meio de Jonas que, em quarenta dias, ela seria destruída. Por que Ele simplesmente não os destruiu ali mesmo? Porque Ele deixou aberta uma janela entre o julgamento declarado e o julgamento feito. Ele deixou aberta uma janela de graça, onde sua misericórdia, agir e milagres podiam ainda mudar as coisas (Jonas 3:4) Deus deu ao povo judeu um intervalo de onze meses para resolver o problema da influência satânica em seus inimigos, a fim de tentar reverter sua própria destruição e continuar o plano do reino de Deus na terra.

O motivo de Deus abençoar você

Muitos de nós sabem como é ter uma batalha espiritual travada contra si de modo tão feroz, constante e exaustivo que tudo o que se pode fazer é chorar, igual a Mardoqueu. A dor é tão profunda, o desespero é tão grande que a desesperança se torna o único pensamento em nossa mente e coração. Foi exatamente aqui que Mardoqueu estava quando ouviu que o ódio de Hamã ia além dele, estendendo-se até seu povo. Ester 4:1 narra: "Quando Mardoqueu soube de tudo o que tinha acontecido, rasgou as vestes, vestiu-se de pano de saco, cobriu-se de cinza e saiu pela cidade, chorando amargamente em alta voz". O pânico e o medo de Mardoqueu espalharam-se pela terra, assim como o decreto chegou até as pessoas. No versículo 3, lemos: "Houve grande pranto entre os judeus, com jejum, choro e lamento. Muitos se deitavam em pano de saco e em cinza".

Enquanto tudo estava acontecendo, Ester estava vivendo atrás dos muros do palácio. Ela não tinha ouvido os rumores do ataque. Na verdade, como veremos mais tarde no livro de Ester, havia muitos dias que ela não falava com o rei. Mas, eventualmente, disseram a Ester que Mardoqueu estava vestido de pano de saco e cinzas, então ela lhe enviou roupas limpas por meio de um servo, oferecendo ajuda. O coração de Ester se partiu por Mardoqueu, então, quando ele se recusou a vestir as roupas que ela havia enviado, ela pediu a um de seus servos que perguntasse por que Mardoqueu estava de luto.

A resposta de Mardoqueu foi franca e detalhada. Lemos:

Mardoqueu contou-lhe tudo o que lhe tinha acontecido e quanta prata Hamã tinha prometido depositar na tesouraria real para a destruição dos judeus. Deu-lhe também uma cópia do decreto que falava do extermínio e que tinha sido anunciado em Susã, para que ele o mostrasse a Ester e insistisse com ela para que fosse à presença do rei implorar misericórdia e interceder em favor do seu povo (Ester 4:8-9).

Basicamente, Mardoqueu pediu ao servo de Ester que levasse o decreto real para ela e dissesse a ela para ir até o rei e revelar quem ela era e a qual etnia ela pertencia. Devido aos sentimentos antissemitas na cultura existente, Mardoqueu já havia aconselhado Ester a não compartilhar sobre sua linhagem. Ele sabia que, se ela compartilhasse essa informação de antemão, ela seria excluída das mulheres que estavam na fila para ser a rainha. Mas quando a situação mudou e o destino de um povo inteiro foi selado pelo anel de sinete do rei, Mardoqueu mudou sua abordagem e pediu a Ester que contasse tudo ao marido. Mardoqueu disse que agora é hora de ir a público. Agora é hora de deixar que saibam quem ela é e quem é seu povo. Chegou o tempo do verdadeiro *momento* de Ester.

Você sabe que chegou a hora de Deus levar você ao seu propósito final quando Ele lhe dá uma posição que permite alavancar a influência que Ele lhe deu para o avanço do seu reino. É exatamente onde Ester estava. Ela não tinha sido providencialmente escolhida para ser a rainha só porque era linda. Pelo contrário, Deus usou a aparência e o temperamento com que Ele a dotou para posicioná-la num lugar de influência e impacto. Deus sabia que esse dia chegaria quando uma estratégia militar contra o seu povo escolhido fosse colocada em prática. É por isso que Ele colocou Ester especificamente nessa situação.

Quando Deus coloca você em uma posição de influência para os propósitos do reino e o avanço de seu plano para seu povo, você está seguro no caminho que leva ao seu destino. Deus sempre abençoa você a fim de que você seja uma bênção. Não para que a bênção termine em você, mas para que ela flua através de você.

Temos um terrível mal-entendido sobre qual é a definição e o significado de uma bênção nos dias em que vivemos. Muitos crentes estão correndo para cima e para baixo na vida, buscando as bênçãos. Eles estão orando pelas bênçãos. Clamando a Deus na igreja pelas bênçãos. Mas isso é uma abordagem errônea das bênçãos de Deus porque ela é incompleta e antibíblica. Sempre que você diz a Deus que quer sua bênção e ponto final, que é por você e para você e ninguém mais, você perverte o termo. Isso porque, biblicamente falando, uma bênção só é uma bênção quando ela pode fluir através de você, e não apenas para você. Em Gênesis 12:2, Deus disse a Abraão: "Farei de você um grande povo, e o abençoarei. Tornarei famoso o seu nome, e você será uma bênção".

> *Deus sempre abençoa você a fim de que você seja uma bênção.*

Conseguiu compreender a última parte? Ela diz: "E você será uma bênção". O motivo para aumentar e expandir o alcance e o impacto de Abraão por meio de sua família foi prepará-lo para que, por meio dele, Deus pudesse abençoar mais pessoas. O objetivo de Deus é o avanço do seu reino na terra, bem como o reconhecimento da sua glória. Toda vez que você pedir a Deus por uma bênção, tenha sempre isso em mente. Sempre inclua em suas orações ou devocionais com Ele as maneiras pelas quais suas bênçãos podem ser usadas para alcançar os outros. Mantenha essa mentalidade ao longo de cada dia, potencializando tudo o que Deus lhe deu de maneira a fortalecer, abençoar e ajudar os outros. Quando Deus abençoa você, Ele também tem outra pessoa em mente.

Deus não escolhe aleatoriamente mudá-lo de uma parte mais pobre da cidade para uma parte mais abastada sem motivo. Ele não quer que você troque sua bicicleta por uma Mercedes Benz do nada. Ele não o capacita para fazer as compras em uma boutique em vez de em um bazar beneficente para que você possa viver bem. Ele sempre tem um motivo para lhe dar mais.

Assim como a vida e a história de Ester, Ele quer saber se você usará o caminho na qual Ele colocou você de modo que contribuirá com os planos do reino de Deus. Você usará os dons, os talentos, as habilidades e os recursos que Ele lhe deu em um esforço para glorificá-lo e expandir o domínio do seu reino na terra? Ou você vai usá-los somente para seu benefício próprio?

Um aviso a esse respeito antes de voltarmos à situação em que Ester se encontra. Quando há pouca ou nenhuma preocupação com o reino de Deus no uso das bênçãos que Ele lhe deu, você literalmente acaba de bloquear sua bênção. Na verdade, muitas pessoas veem suas bênçãos tornarem-se uma maldição quando optam por guardá-las para benefício pessoal, em vez de usá-las na expansão do reino.

Esse foi o dilema apresentado a Ester quando recebeu a resposta de Mardoqueu. Essa era a decisão que ela estava enfrentando. Ela devia permanecer em seu estado de anonimato em relação à sua raça e relativa segurança, ou iria avançar e declarar quem ela era em uma tentativa para ajudar seu povo que agora estava condenado à aniquilação?

Mardoqueu disse a Ester, sem sombra de dúvida, que era a hora. Era hora de ela usar sua posição de influência, seus recursos e sua autoridade à luz da batalha espiritual em questão.

Ester respondeu a Mardoqueu, também sem sombra de dúvidas, que o que ele estava lhe pedindo não era conveniente. Não era estratégico.

Era arriscado, imprudente e potencialmente ameaçador. No versículo 11 do capítulo, lemos sua resposta:

> Todos os oficiais do rei e o povo das províncias do império sabem que existe somente uma lei para qualquer homem ou mulher que se aproxime do rei no pátio interno sem por ele ser chamado: será morto, a

não ser que o rei estenda o cetro de ouro para a pessoa e lhe poupe a vida. E eu não sou chamada à presença do rei há mais de trinta dias (Ester 4:11).

Na tradução de Tony Evans, ela disse:

> Mard, deixe-me explicar uma coisinha. Preciso que entenda, primo. É mais ou menos assim — veja bem, eu e o rei não nos falamos há trinta dias. Não estamos nos entendendo um com o outro. Ele não me convidou para seus aposentos. Ele não está mais conversando muito comigo. Na verdade, já se passaram cinco anos desde que ele me nomeou como rainha e tenho a sensação de que ele não está mais nem um pouco impressionado comigo. E veja, temos essa regra bem simples em nosso lar. Se eu for vê-lo sem ser convidada... E ele não estender o cetro — bem, já era. E quando digo "já era", não digo só em perder a coroa. Quero dizer que perco a cabeça que usa a coroa. Eles vão me matar. Então, o que está me pedindo para fazer, Mard, não é assim tão fácil. Você está pedindo para eu arriscar minha carreira, minha estabilidade econômica, meu palácio — e além disso — minha vida inteira por você e pelos judeus.

A princípio, Ester não estava disposta a arriscar perder o favor do rei para ganhar o favor de Deus. Ela tinha se tornado muito especial em sua própria mente. Ela havia parado de se associar diretamente com o drama de seu povo, os judeus. Ela já não vivia como eles em suas casas miseráveis, ganhando a vida com um salário mínimo. Ela não precisava mais pegar o ônibus, por assim dizer, ou escolher entre apenas duas mudas de roupa. Ela já não trabalhava sob a opressão de alojamentos inferiores e uma educação inferior, oferecendo oportunidades inferiores. Não, ela não era como aqueles judeus. Ela costumava ser como eles, mas agora a vida era bem diferente. Ester agora era uma judia de primeira classe que não mais se associa abertamente com seu próprio povo. Ela tinha se tornado uma judia bem-sucedida, com uma conta bancária, uma carruagem e muitos servos.

Assim, em seu novo cenário socioeconômico e político, ela basicamente se ofereceu para sentir pena deles — os judeus — na esperança de que tudo desse certo para o povo. Mas lhe pedir para fazer algo que pudesse colocar sua própria vida em risco, bem, isso estava fora de questão. Isso era lhe pedir demais para agora.

E embora possa parecer uma decisão egoísta e covarde da parte dela, antes de julgar Ester de imediato, isso não se parece com o que muitos de nós fazemos agora? Diagnosticamos erroneamente a oportunidade do reino porque simplesmente não podemos vê-la como ela é. Colocamos a preservação pessoal à frente da expansão do reino, tudo em nome da segurança.

Até agora o que estamos fazendo também é o que Ester fez quando nos recusamos a correr riscos pelos planos de Deus. Estamos esquecendo que, se não fosse pela bondade de Deus em primeiro lugar, não estaríamos onde estamos. Veja, Ester ignorou essa realidade em sua avaliação. Ela não compreendeu que, se não fosse pelo poder e pela providência divina, ela não estaria na posição em que estava. Ela não chegaria lá por si mesma. Ela chegou lá da mesma forma que uma tartaruga atinge o alto de um muro — alguém a colocou lá.

Mas é fácil esquecer tal ponto quando o tempo está ao nosso favor, não é mesmo? É fácil começar a pensar que a vida agora depende de mim. É fácil evitar os riscos e os sacrifícios porque quando as coisas ficam confortáveis, temos uma tendência natural de preservar o que temos para nós mesmos. É fácil esquecer como você chegou onde está. Uma vez que você começa a viver em um determinado bairro, dirigir um determinado veículo, vestir certas roupas e graduar-se com certos diplomas, é fácil esquecer que, se não fosse pela graça de Deus, não estaria na posição em que está.

Ao esquecer dessas coisas, como Ester esqueceu, você perde a preocupação com o modo como as outras pessoas vão se dar bem na vida. Você acaba dizendo, resumindo, "Eu consegui – por que você não está conseguindo também?". Você se torna egocêntrico, o que é o oposto da atmosfera do reino de Deus, da humildade e do serviço.

Quero deixá-lo entrar em um contexto pessoal do porquê me sinto tão apaixonado por tudo isso. Veja, eu não devia estar onde estou neste momento. Eu não devia ter alcançado este nível de destaque e influência em minha vida. Não, de acordo com as estatísticas, eu mal devia estar sobrevivendo. Fui criado por pais que não eram cristãos até os doze anos de idade. Fui criado em um bairro residencial da área urbana de Baltimore, onde fui o primeiro da família a graduar-se no Ensino Médio. Mas porque Deus invadiu minha casa e levou meu pai até Cristo, mudando a vida dele, ele acabou nos levando para uma igreja que tinha o ensino bíblico. Essas mudanças também me permitiram ter entendimento e oportunidades únicas, o que fez as portas se abrirem. É por causa dessa história que estou onde estou atualmente. Mas entendo claramente que a única razão pela qual estou onde estou hoje é por causa da bondade e graça de Deus. E, no momento em que perco isso de vista, meu papel torna-se ilegítimo.

Deus não permitiu eu ter as experiências e oportunidades que Ele permitiu apenas para que eu pudesse aproveitá-las. Isso não é apenas sobre isso. É sobre aquilo que Deus quer fazer em mim e por meu intermédio para expandir seu reino. Qualquer um que pense o contrário será um dia responsabilizado por ter desperdiçado as oportunidades que o Senhor lhe deu para servir.

A nossa vida — a minha, a sua, a de Ester — é sobre do reino de Deus. Quando perdemos isso de vista, perdemos o plano de Deus na história. Como Deuteronômio 8:18 descreve: "Mas, lembrem-se do SENHOR, o seu Deus, pois é ele que dá a vocês a capacidade de produzir riqueza, confirmando a aliança que jurou aos seus antepassados, conforme hoje se vê".

Deus dá poder. Deus dá riquezas. Deus providencialmente o coloca no caminho do sucesso para um propósito do reino. Não há problema em se beneficiar de um propósito do reino em sua vida pessoal, desde que você não perca o foco do propósito do reino ao longo do caminho. Porque quando você perde o propósito do reino durante o processo de se beneficiar da bênção do reino, você também deixa de cumprir o seu destino.

A manifestação final do seu propósito sempre envolverá um teste, ou vários testes, para alcançá-lo. Como o peregrino no caminho de seu destino, no livro clássico *O peregrino*, de John Bunyan, você vai enfrentar vários testes e tentações que apelam para toda uma gama de suas emoções e fraquezas. Como você reage a essa circunstância vai impactar a velocidade com que você alcança seu destino.

Nossas respostas e escolhas trazem consequências em nossa vida e, por isso, precisamos de pessoas como Mardoqueu ao nosso redor para falar a dura verdade para nós quando não respondemos naturalmente como deveríamos. Descobriremos mais sobre isso ao virarmos as páginas dessa saga da vida de uma mulher chamada Ester.

CAPÍTULO 5

Para um momento como este

O seu destino sempre envolverá um teste. Tal teste sempre terá como objetivo revelar se você quer ser uma bênção ou se simplesmente quer ser abençoado.

Porque uma vez que você chega até esse teste, Deus o usa para sondar seu coração.

Você está aqui por causa de Deus?

Você está aqui por causa da maneira que Ele pode usá-lo em favor dos outros? Ou isso tudo se trata só do seu próprio umbigo?

Se é apenas sobre você, isso é egoísmo e autopreservação. É remover o favor da aliança divina enquanto procura guardar o máximo de tesouros que couber em seus próprios bolsos. Agindo dessa forma, como o personagem fictício Aladim, você corre o risco de ser engolido pelas areias do benefício próprio.

Seu valor no reino de Deus é encontrado não em como você pode ter o bem de Deus, mas até que ponto permite que Ele o use para o bem dos outros.

E por falar em areia, a areia da praia é de graça. Você pode caminhar por qualquer praia e pegar um monte de areia de graça. Pegue o quanto quiser — sente-se nela, role nela. É de graça. Mas essa mesma areia, se quiser colocá-la em um parquinho infantil, vai lhe custar certa quantia. Nesse caso você tem de ir à loja e comprar sacos de areia para cobrir a superfície do parquinho. Por quê? Porque ela está sendo utilizada de modo diferente. Ela não é mais gratuita.

Agora, se quiser que a lixa trabalhe em um projeto, isso também lhe custará algo. Sim, a lixa ainda é areia. É areia colada em um papel. Ainda assim você tem de ir a uma loja de materiais de construção e pagar por uma quantidade muito pequena dessa areia. Embora seja basicamente a mesma areia gratuita, agora ela tem um valor mais alto devido ao seu uso pretendido e à forma como foi feita.

Quando for para o Vale do Silício, onde as pessoas estão ocupadas fazendo chips de computador com areia, você encontrará um preço ainda mais alto associado à tal areia. É a areia mais cara que você ou eu vamos encontrar. Não porque ela é diferente, mas porque seu uso é diferente.

Um dos motivos pelo qual Deus não faz muita coisa pelo seu povo é que o povo não está disposto a ser usado pelo Senhor. Ele é só areia gratuita, sem nenhum propósito, nem intenção, nem objetivo, nem habilidade. Ele só está apenas por aí. O que Deus está procurando são os justos do Vale do Silício — os justos que aprenderam que seu valor está ligado ao alcance de seu uso no reino de Deus. Que bem uma geladeira pode fazer se não mantiver os alimentos gelados? Ou um fogão que não aquece a comida?

Recentemente, eu tive uma cafeteira na cozinha que parou de funcionar. Ela fazia todos os ruídos como se estivesse preparando uma xícara de café. Ela acendia as luzes como se estivesse preparando uma xícara de café. Mas, mesmo que eu ficasse ali esperando a xícara de café ser liberada, nada saía de lá. Você pode imaginar onde essa cafeteira foi parar (e, não, não foi no balcão da cozinha).

A utilidade da cafeteira determinava onde e como ela seria colocada. Da mesma forma, sua utilidade para o Senhor e para os seus planos determinam o caminho providencial no qual Ele conduz você. Você vai pegar as guloseimas e sair correndo? Ou, como um sábio empresário, reinvestirá os bens das bênçãos que Ele lhe dá para construir uma oportunidade maior de crescimento, influência e impacto jamais vistos antes?

Em Lucas 14, Deus diz como Ele se sente com os justos inúteis. Ao usar o sal como comparação, Jesus explica:

O sal é bom, mas se ele perder o sabor, como restaurá-lo? Não serve nem para o solo nem para adubo; é jogado fora. Aquele que tem ouvidos para ouvir, ouça (Lucas 14:34-35).

Assim como minha cafeteira que não fazia mais café, o sal sem sabor é "jogado fora". Uma orientação do reino deve acompanhar e informar tudo o que você faz ou você também se tornará inútil para o reino.

Deus estabeleceu seu domínio de tal forma que seus planos existem para dar-lhe glória e expandir seu governo. Cada um de nós foi chamado ao reino para um propósito como esse. Quando nos afastamos desse propósito por egoísmo, ganância ou apatia, tornamo-nos inúteis para o reino de Deus.

Uma orientação do reino deve acompanhar e informar tudo o que você faz.

Isso significa que todos deviam se tornar pastores? Não, claro que não. O reino de Deus envolve a manifestação visível de seu governo abrangente sobre *todas* as áreas da vida. Não há um único segmento da sociedade que exclua o governo de Deus. Ser orientado pelo reino significa seguir intencionalmente os propósitos do Senhor nos caminhos providenciais dentro do âmbito de influência onde Ele colocou você.

Manequins vivos

Meu bom amigo Tony Dungy, o famoso ex-técnico do Indianapolis Colts, costumava me ligar toda semana durante o ano em que ganhou o Super Bowl. Toda semana conversávamos ao telefone sobre uma variedade de assuntos. Ele sempre terminava com uma oração. Uma vez que o treinador Dungy chegou aos *playoffs*, sua oração focou-se nessa nova aventura. Quando eu lhe perguntava sobre o que ele gostaria que eu orasse, ele inevitavelmente respondia: "Minha oração é simples, Tony – ganhando ou perdendo, que eu faça o nome do Senhor grande diante desta imensa audiência nacional".

Uma vez que o técnico Dungy chegou ao jogo do Super Bowl e seu time estava programado para enfrentar o Chicago Bears, pensei que sua oração poderia mudar — não muito, mas um pouco — para vencer. No entanto, quando fui perguntar ao treinador pelo que ele queria que eu orasse, ele simplesmente disse: "Tony, o mundo está assistindo. Ganhando ou perdendo, quero deixar bem claro que pertenço a Jesus Cristo. Não quero perder esse momento de ser uma testemunha do Senhor". Qual é o meu objetivo ao compartilhar essa história com você? O treinador Dungy tinha ligado o reino ao futebol americano.

O reino e os planos de Deus relacionam-se com tudo que Ele nos deu para fazermos. Nada fica fora de seu governo e propósitos para dar-lhe glória e expandir o alcance de seu nome.

As grandes lojas de departamentos de alto padrão geralmente têm vitrines de grandes dimensões voltadas para a rua. Essas vitrines sempre estão cheias de manequins. Os manequins estão vestidos com as roupas da última moda e posicionados de forma a chamar a atenção das pessoas na rua. Algumas das lojas muito caras chegam a fazer um grande esforço ao empregar manequins vivos para ficarem em suas vitrines, vestidos elegantemente, em um esforço para atrair clientes para suas lojas. Certa vez, quando minha esposa, Lois, e eu estávamos passeando pela cidade de Nova York, vimos literalmente um manequim vivo sentado em uma Ferrari em uma vitrine!

Por que os donos dessas lojas de departamentos se esforçam tanto para encher as vitrines com amostras tão elaboradas? A razão pela qual eles fazem isso é que, quando as pessoas estão andando na rua, elas ficam impressionadas com o que veem e isso as atrai para a loja para fazer compras. Esses bonecos vestidos atraem clientes em potencial para um reino de roupas e mercadorias que oferece muito mais a cada andar.

Quando Deus o abençoa, Ele abençoa com a intenção de colocá-lo à mostra. Ele permite que você seja bem-sucedido, obtenha sua educação, tenha os recursos que tem, ganhe popularidade ou notoriedade para que seja visto como um representante de seu reino que foi tocado pelo favor e pela graça do próprio Deus. Mas não fique metido quando Ele lhe vestir com roupas de grife tão requintadas. Porque se começar a pensar que *você* chegou por si mesmo ao lugar onde está agora, esquecerá que foi a liderança providencial e a provisão do Senhor que fez de você o que é hoje.

Todos devemos nos lembrar em nosso melhor dia que somos pecadores salvos pela graça.

O naufrágio do Titanic foi um acidente terrível que aconteceu há mais de cem anos. E o que torna a situação ainda mais trágica é que as mortes que ocorreram não precisavam ocorrer. A maioria dos botes salva-vidas que saíram do Titanic quando ele afundou estava apenas meio cheia. Mas como as pessoas nos botes salva-vidas já estavam a salvo e não queriam correr o risco de voltar para ajudar os outros, muitas pessoas que podiam ser salvas, morreram naquele dia.

Deus não salvou você para que você fique de braços cruzados. Ele não deixou você e eu aqui só para alcançarmos a glória. Ele nos deixou na terra porque há muitas pessoas se afogando ao nosso redor — elas estão se afogando espiritualmente, relacionalmente, emocionalmente, moralmente, financeiramente etc. Mas também muitos de nós compartilham os sentimentos de Ester em sua resposta inicial a Mardoqueu. Nós nos contentamos em permanecer seguros em nosso próprio bote salva-vidas, conseguindo tudo por conta própria.

Mas você não existe apenas para si mesmo.

Mas você não existe apenas para si mesmo. Você existe para fazer a diferença — causar impacto.

Por exemplo, os jogadores de boliche são conhecidos por seu impacto. Não importa se um jogador de boliche é bonitão, ou o quanto sua roupa é elegante, ou o quanto a bola é brilhante. Hoje em dia, há meias de boliche elegantes, bolsas, bolas e muito mais.

Não importa, no entanto, o que um jogador de boliche tenha de fazer para parecer bom, o verdadeiro testemunho do jogador acontece ao ver quantos pinos ainda estão de pé após o arremesso. É o impacto que estabelece o valor do jogador e nada mais.

Da mesma forma, não importa o quanto você pareça ser cristão, ou o quanto você é um igrejeiro paramentado e fluente em "cristianês". Se a sua vida não impactar o reino de Deus, então você fracassou como representante do Rei. Até que Deus esteja convencido de que pode usar você para realizar seus objetivos, Ele não vai abrir os caminhos providenciais para o propósito que Ele tem para você cumprir. Por que Ele faria isso se você vai simplesmente descartá-lo e perambular para outro lugar? Não, você e eu somos abençoados para sermos uma bênção.

Assim como Ester.

De volta a Ester

No início, Ester não sabia nada disso. Foi preciso um aviso severo de seu primo para acordá-la e colocar algum juízo em sua vida. Em uma das passagens mais conhecidas das Escrituras, encontramos uma repreensão de um parente que sabia que seu ente querido havia, de alguma forma, se desviado. Mardoqueu enviou de volta esta mensagem a Ester:

> Não pense que pelo fato de estar no palácio do rei, você será a única entre os judeus que escapará, pois, se você ficar calada nesta hora, socorro e livramento surgirão de outra parte para os judeus, mas você e a família do seu pai morrerão. Quem sabe se não foi para um momento como este que você chegou à posição de rainha? (Ester 4:13-14).

Posso ouvir meu grupo favorito de R&B, The Temptations, cantando agora nos bastidores: "Mas isso foi só a minha imaginação... Levando-me longe!". Mardoqueu pediu a Ester que não permitisse que sua imaginação a levasse longe, fazendo-a acreditar que estava a salvo do decreto simplesmente porque morava no palácio. Ele lhe mostrou que, de alguma forma, ela estava presa na ideia equivocada de que, ao não arriscar sua vida aproximando-se do rei, ela estava de alguma forma tentando salvá-la. Sua vida já tinha sido um alvo. Ela era judia. Então Mardoqueu começou a moldar sua teologia, informando-a de que, se ela não estivesse à altura da ocasião, reunindo coragem para se aproximar do rei, Deus daria uma solução por meio de outra pessoa. Ninguém, nem mesmo Ester, é

Deus sempre tem uma carta na manga.

indispensável. Se Deus pode criar o universo do nada, Ele não precisa de nenhum de nós para realizar sua vontade soberana.

Vou escrever do modo mais brando que puder, mas vamos falar a verdade, não importa o quanto você seja bonzinho, o quanto seja rico, poderoso ou até mesmo talentoso. Deus jamais se limita a uma pessoa.

Deus sempre tem uma carta na manga. Ele não a revela até que seja necessário, mas Deus sempre tem um plano B. Ele sempre tem uma rota alternativa, outro caminho para alcançar seu propósito.

Eu moro em Dallas, e se eu fosse dirigir até o centro da cidade, eu pegaria a rodovia principal. Ela é chamada de Interestadual 35. Mas o que a maioria das pessoas que não são daqui não sabe é que, se o trânsito ficar engarrafado na Interestadual 35, existem outras maneiras de chegar ao centro da cidade. Uma delas, eu posso descer pela Illinois e depois seguir para a Zang. Também posso ir até South Dallas pela Fair Park. Há mais de um caminho para chegar ao destino. Da mesma forma, Deus tem mais de um indivíduo e método para realizar sua vontade.

O que Mardoqueu queria que Ester se lembrasse era que, embora Deus preferisse usá-la no palácio do rei, e embora Deus tivesse a posicionado para ser usada em seu papel e *status* por meio de sua beleza e caráter, Ele também poderia facilmente encontrar outra pessoa. Deus jamais fica sem saída. Ele sempre mantém as possibilidades em aberto quando se trata de cumprir suas promessas.

Uma das coisas mais perigosas que podemos fazer como discípulos do Rei é sermos presunçosos. Quando colocamos o pé no chão, nem você — nem eu — somos o último biscoito do pacote. É, Deus pode ter nos escolhido para nos abençoar, ou nos levar para uma posição de influência, mas só porque Ele quer nos usar. E no momento que Ele descobre que você não está disposto a ser usado nos propósitos do reino, ele pode facilmente levantar outra pessoa e substituir você.

Ao desobedecer ao seu chamado para o reino, você corre o risco de perdê-lo. Vagar para fora do caminho do propósito pode levar você a vagar no deserto do desperdício. Deus jamais vai forçá-lo a cumprir o seu destino. Deus vai capacitá-lo a viver o seu propósito, mas cabe a você, por meio de suas escolhas e caráter, permanecer nele.

O sucesso é sempre o maior impedimento para o sucesso vindouro. Seja nos negócios, no esporte ou nos relacionamentos pessoais, uma vez que a humanidade sente o gosto da vitória, uma série de coisas acontece. Por um lado, os egos inflados geralmente diminuem a dependência e a direção de Deus. Por outro lado, o orgulho engole a humildade. O poder pode corromper. Também pode gerar complacência. Sabendo disso, Mardoqueu tinha de expor seu ponto de vista claramente para Ester. Ao buscar manter o sucesso que ela obtivera até aquele ponto, ela estava, na verdade, colocando-se em grande risco de perdê-lo. Entrar no palácio do rei sem ser convidada era sua maior preocupação? Essa era a ação que realmente colocaria sua vida em risco? Na cabeça dela, era sim. Mas, na dispensação de Deus, não obedecer era ainda mais arriscado. Deus chamou Ester para esse momento e essa necessidade específicos. Se ela escolhesse buscar a segurança em vez da obediência, ela poderia perder tudo.

Se você ficar calado

Muitas pessoas citam essa repreensão de Mardoqueu como um versículo para a vida inteira, que denota prestígio, poder e favor. Você vai encontrar camisetas, bonés, canecas e postagens nas redes sociais, ressoando orgulhosamente a frase "para um momento como este". Poucos, porém, realmente relacionam o contexto do versículo à maneira como o estão usando. Ester estava levando uma bronca por sua mentalidade autoindulgente e de autopreservação. Ester estava sendo repreendida por viver uma vida de *glamour* e colocar a realeza acima do serviço. Por meio dessas palavras reveladoras, Mardoqueu estava lembrando Ester que ela havia sido escolhida para deixar de lado seus próprios interesses e suas próprias ambições e enfrentar o inimigo de frente. Ela havia

> *Mardoqueu estava lembrando Ester que ela havia sido escolhida para deixar de lado seus próprios interesses e suas próprias ambições e enfrentar o inimigo de frente.*

sido chamada para exercer sua influência, planejar suas decisões com astúcia e tentar derrubar uma dinastia empenhada na destruição.

Se você é um fã de super-heróis, Ester pode ser comparada à Mulher--maravilha. Ela havia sido chamada para uma batalha violenta como uma guerreira.

Ela deveria estar disposta a se sujar, a apanhar e a defender um povo inteiro que dependia dela. Ela teria de arriscar sua vida e seu legado sem nenhuma garantia de resultado satisfatório.

Ester estava sendo desafiada a aceitar a frase "para um momento como este".

E é essa mesma frase que Deus lhe propõe. É Deus quem lhe dá seu emprego, posição, recursos, educação etc. Seja você homem ou mulher, é Deus quem concedeu as oportunidades a fim de otimizá-las para os propósitos do reino. Ele não colocou você no lugar em que você está só para você comer figos o dia inteiro. Ele colocou você onde você está porque você está no meio de uma guerra, uma batalha. Você está no meio de um conflito sísmico envolvendo o bem contra o mal. Está no meio de uma disputa pelos despojos de almas perdidas. Está no seu próprio conflito Eagles *versus* Golias (veja o "Prólogo), representando em si o Espírito Santo (Lucas 3:22).

Perder sua missão no reino por apegar-se ao seu reino pessoal é a maior tragédia que você poderia enfrentar. Existir nessa vida sem alcançar a realização do porquê você foi colocado aqui em primeiro lugar é desperdiçar os dons, as habilidades e as bênçãos que você recebeu até agora. Se sua vida não está focada em ganhar pessoas para Cristo, discipulá-las na fé e melhorar a vida delas na história para que também possam ser vasos de honra no reino de Deus, então as palavras de Mardoqueu também são para você. Vá em frente e insira seu nome onde o pronome *você* aparece:

> Pois, se *você* ficar calada nesta hora, socorro e livramento surgirão de outra parte para os judeus, mas *você* e a família do seu pai morrerão.

Você foi chamado para demonstrar o poder do reino dos céus na história. Foi criado para viver como um discípulo do reino, um representante do céu na terra. Frequentar a igreja não é o seu propósito. Se isso é tudo em sua vida espiritual, apenas adicionou uma reunião semanal ao seu calendário social em nome de Jesus. Não, Deus o colocou na terra para fazer muito mais.

Você foi chamado para o reino para um momento como este. Para um momento em sua cultura, onde se enraizou a decadência.

Para um momento em nossas famílias, onde milhões de jovens vivem sem ter um mentor para ajudá-los a seguir o caminho.

Para um momento em nossas comunidades, onde o perdido está sem esperança e o ferido não tem cura.

Para um momento como esse em nosso mundo, onde as pessoas morrem por falta de água potável, vidas são perdidas por falta de direção e uma geração inteira questiona a fé por falta de discípulos autênticos que liderem o caminho.

O reino de Deus é maior do que a igreja local. O reino de Deus é maior do que seu grupo de estudos bíblicos local. Essas coisas são boas. Elas são necessárias. Mas elas existem para facilitar o avanço do reino de Deus; elas não são o reino.

Se eu tiver que morrer

A repreensão de Mardoqueu abalou Ester, lembrando-a da realidade em que ela vivia, e não da ilusão que ela acreditava ser verdadeira. A resposta de Ester revela que ela "caiu em si". Ela entendeu o que ele estava dizendo. Lemos:

> Vá reunir todos os judeus que estão em Susã, e jejuem em meu favor. Não comam nem bebam durante três dias e três noites. Eu e minhas criadas jejuaremos como vocês. Depois disso irei ao rei, ainda que seja contra a lei. Se eu tiver que morrer, morrerei.

Deixe-me contar uma outra maneira de saber se é o seu momento ou a sua hora. Haverá um conflito espiritual que Deus vai pedir para você intervir. Você verá como Ele o preparou para ser uma bênção, e não apenas para ser abençoado. Mas então Ele vai pedir que você se arrisque na fé. Quando Ester percebeu que Deus podia usar outra pessoa além dela se escolhesse não dar um passo de fé, ela também percebeu que dar um passo de fé também era muito arriscado. É por isso que ela termina dizendo a Mardoqueu: "Se eu tiver que morrer, morrerei".

A fé é algo arriscado. É arriscado porque se lida com algo que você não pode ver. O oposto da fé é a visão. Se você pode ver, então isso não é fé. Se você pode ver o resultado, isso não é fé. Se você pode ver o destino a cada curva do caminho, isso não é fé. Seguir um GPS que aponta todo o caminho em que você está dirigindo até o ponto de chegada não é fé. A fé, entretanto, é agir naquilo que não se pode ver. A fé é dar um passo onde só é possível ver a certa distância porque você crê que Deus deseja que faça algo baseado em sua Palavra. É dar um passo sem ter a certeza do destino.

A maioria de nós não liga em dar um passo se pudermos ter a certeza do resultado. Mas a fé que corre riscos não se baseia nisso. A fé de Ester não se baseava nisso. Quanto maior for a incerteza, maior a fé e a dependência de Deus. Quanto mais iminente o perigo ou o risco em potencial, mais poderoso é o propósito. Quanto mais medo você sentir ao dar o passo, maior será a fé. Às vezes, Deus nos chama para dar um passo quando não podemos ver onde nosso pé vai pisar. Ester não sabia se o rei estenderia o cetro. Mas porque ela sabia que tinha lhe sido dada uma oportunidade única, da realeza, para um momento como esse para salvar

Quanto mais iminente o perigo ou o risco em potencial, mais poderoso é o propósito.

seu povo da morte certa, ela escolheu dar esse passo de fé. Por toda a Bíblia, as pessoas tiveram de dar passos arriscados de fé sempre que Deus quis fazer algo grandioso por meio delas. É empreendedorismo espiritual assumir esses riscos, com base na Palavra de Deus e em sua liderança, a fim de investir em um futuro espiritual maior do que o que você tem naquele momento. Ester era uma empreendedora espiritual estratégica. Ela sabia o que estava enfrentando.

É por isso que ela pediu a todos para jejuarem por três dias e três noites. Se ela ia arriscar seu bem-estar em nome deles, precisava que eles investissem também. Nenhuma guerra é vencida por um único soldado. Ester era bem sábia para compreender esse conceito e buscar ajuda espiritual. Ela sabia que precisava ir diante do Rei celestial antes de se aproximar do rei terreno.

O desafio para você por meio da história de Ester envolve isto: abra seus olhos para reconhecer que você foi chamado ao reino para um momento como este. Uma tartaruga só faz progresso quando ela estica o pescoço para fora do casco. Deus quer usar você. Deus quer abençoar você. Deus quer fortalecer você. Mas Ele está testando você para saber se você está disposto a ser fiel a Ele e ao plano do seu reino quando as coisas ficarem difíceis. Ou se simplesmente você vai fugir e se esconder.

Nossa nação, comunidades, famílias e amigos precisam que cada um de nós viva um nível mais elevado do reino. Com tanta destruição ocorrendo ao nosso redor, e até em nós, precisamos dar um passo rumo à incerteza da fé enquanto seguimos a certeza do Deus que nos chama. Precisamos proclamar com ousadia para o nosso rei:

> Usa-me onde tu escolheres. Até na incerteza, vou correr o risco. Apenas me mostre o que queres que eu faça. Mostra-me por que me colocaste aqui e como tu estás me guiando.

Então, quando Ele lhe mostrar, esteja disposto a fazer o que Ele diz. Seja o preço que for. Seja a perda em potencial que for. Seja qual for o risco. Você foi chamado para o reino com um propósito muito maior do que seu próprio prazer e ganho pessoal. Você foi chamado para o reino de Deus para um momento como este.

CAPÍTULO 6

Adivinha quem vem para o jantar?

O nosso mundo está muito apegado ao conceito da sorte. Fixamo-nos nas possibilidades de acontecer os acasos. Normalmente, as pessoas exclamam: "Hoje você teve sorte!". Ou dirão o contrário quando as coisas não vão bem. Alguns até penduram um pé de coelho no retrovisor do carro apenas para terem sorte. Isso sempre me deixou confuso, pois é óbvio que aquele pobre coelho não teve sorte!

Por outro lado, o livro de Ester é sem rodeios. Ele é direto ao dizer que não existe essa coisa de sorte. Pelo contrário, é a providência. Com certeza, a providência se parece com sorte, age como se fosse sorte — até pode ter cheiro de sorte. A providência dá a impressão de que as coisas acontecem por acaso. Mas a realidade é que o mestre das marionetes está sempre agindo nos bastidores, conduzindo tudo e ligando os pontos para alcançar seus resultados pretendidos. Deus usa aquilo que é bom, mau e cruel e faz parecer que tudo aconteceu aleatoriamente. Ele causa, ou permite, situações e acontecimentos que no fim das contas contribuem para que a vontade dele se realize.

A providência é o modo de Deus permanecer anônimo. Naqueles momentos em que Ele não quer estar na frente como o grande e espetacular Deus, Ele vai agir nos bastidores, ajustando, mudando e estabelecendo as coisas de modo providencial. Nessas ocasiões, as situações parecem coincidências, mas no reino de Deus, uma coincidência é apenas um daqueles momentos quando Ele escolhe não ser notado. Deus é o autor e criador das coincidências. Ele é o coração cheio de intenção por detrás do que parece ser eventos aleatórios. Ele é quem orquestra os acontecimentos e quem outorga os papéis. Foi Ele quem estrategicamente colocou Ester no *status* de rainha para que, quando chegasse a hora de seu povo escolhido enfrentar mais um inimigo agressivo e cheio de ódio, Ester estivesse pronta para intervir.

Hora do jogo

Como vimos no último capítulo, Ester tinha pedido ao povo para jejuar com ela por três dias antes que ela fosse até o rei. No terceiro dia do jejum, Ester vestiu seu manto real e entrou no pátio interno do rei. Esse é o momento da decisão. É a hora do jogo. É o momento que vai definir tudo. O rei vai estender seu cetro em favor a Ester, ou aquele era o último dia de vida dela?

Posso imaginar o coração acelerado de Ester enquanto ela adentrava no pátio interno. Seus joelhos podem ter estremecido sob o peso de sua preocupação. Será que seu olhar era cabisbaixo, em sinal de submissão? Ou ela procurou transmitir uma aura de confiança, como se devesse estar lá bem antes? As Escrituras não dão muitos detalhes da entrada de Ester, mas narra a reação do rei. Ester 5:2 relata: "Quando viu a rainha Ester ali no pátio, teve misericórdia dela e estendeu-lhe o cetro de ouro que tinha na mão. Ester aproximou-se e tocou a ponta do cetro".

Ela podia respirar aliviada. Pelo menos um pouquinho. O rei tinha reagido ao seu favor e indicou o desejo de tê-la em sua presença. Na verdade, a próxima frase revela mais do que um desejo de tê-la em sua presença. Revela um sentimento de bondade e confiança. Ao perguntar o porquê ela fora vê-lo, o rei continuou: "Que há, rainha Ester? Qual é o seu pedido? Mesmo que seja a metade do reino, será dado a você" (v.3).

O rei agiu como o que chamo de "um homem da realeza" ali mesmo. Ele ergueu três dedos, em minha própria tradução, e disse: "Ester, eu entendi". Independentemente do que estivesse errado, ou que a estivesse perturbando — o rei consertaria as coisas. Os três dedos para cima significam "ele entendeu".

Do jejum ao banquete

Damos uma olhada na sabedoria e no caráter de Ester em sua resposta. Em vez de desabafar expondo ao rei o que a estava incomodando ou exigir que seu marido faça algo para mudar a situação, Ester acreditava que sua próxima melhor jogada seria convidar o rei para jantar com o inimigo do seu povo — Hamã. Dizem que conseguimos fisgar o coração de um homem pelo estômago. Ester parecia saber disso muito bem. Em vez de ir direto ao ponto da questão ao seu respeito, Ester simplesmente buscou agradar o paladar do rei. Em resposta à pergunta do rei, ela disse que um banquete especial tinha sido preparado para festejarem. Tenho certeza de que esse banquete continha os pratos favoritos do rei, bem como as bebidas. Tenha em mente que preparar banquetes nos dias e na época de Ester não era algo tão simples. Mesmo que fosse um jantar para poucas pessoas, cada prato tinha de ser bem planejado e preparado com antecedência. Assim, enquanto jejuava por três dias com os judeus, Ester planejava, ao mesmo tempo, uma festa. Nunca é aconselhável fazer compras de estômago vazio porque você acaba comprando mais que o necessário, mas essa pode ter sido uma atitude sábia no caso de Ester. Sem dúvida, a refeição foi cuidadosamente preparada e servida com a máxima atenção, tanto no sabor quanto nos detalhes.

Antes de aprofundarmos na narrativa de Ester, deixe-me explicar um importante princípio espiritual que ela exemplifica por meio de sua perspicácia. O princípio é este: Você nunca verá a providência de Deus agir em suas circunstâncias a menos que Deus veja você agir de acordo com a vontade dele. O motivo pelo qual Ester jejuou e orou e pediu aos outros para se unirem a ela em jejum e oração foi porque ela precisava de uma ideia de como encarar essa situação perigosa. Ela precisava de uma ideia divina para um problema bem complicado. No entanto, mesmo *enquanto* ela estava jejuando e orando, ela estava agindo. Ester não estava sentada, sem fazer nada. O banquete para o qual ela convidou o rei e Hamã já estava preparado quando ela os convidou. O menu já tinha sido escolhido. O banquete foi servido no dia que ela foi até o rei. No versículo 4, lemos claramente: "Se for do agrado do rei", disse Ester, "venha com Hamã a um banquete que lhe preparei". O verbo "preparei" está no pretérito perfeito. Ester fez muito mais do que jejuar e orar; ela seguiu a orientação de Deus ao longo do caminho.

> *Você nunca verá a providência de Deus agir em suas circunstâncias a menos que Deus veja você agir de acordo com a vontade dele.*

Assim, o convite de Ester ao rei é feito com fé confiante. Isso demonstra uma suposição que o rei ia aceitar. A comida já tinha sido preparada e estava pronta para ser servida. Ester não vivia na época da comida congelada. Preparar um banquete exigia certo planejamento. Assim, quando Ester começou a jejuar — uma decisão intencional de desistir do desejo físico por causa de uma necessidade espiritual maior —, ela também começou a planejar. Como seus ouvidos estavam atentos à voz de Deus durante o período de jejum, Ester respondeu ao comando dele.

Uma das razões pelas quais perdemos as chamadas "coincidências" de Deus em nossa vida é que não temos uma antena ligada a Ele. Não colocamos de lado os desejos da carne para obter as respostas espirituais. Além disso, quando não conseguimos ter os sinais e as direções espirituais, não podemos agir sob o comando deles. Então acabamos agindo de acordo com nosso ponto de vista humano e nossa perspectiva natural.

O que o jejum e a oração fazem é levantar nossa antena em direção ao reino espiritual para captar a visão do céu que precisamos ter para saber o que fazer na terra. A primeira coisa que Ester fez quando se comprometeu a seguir em frente em uma situação difícil foi admitir que precisava de Deus. Ela precisava ter comunhão com Deus porque não sabia como vencer o obstáculo à sua frente. Um passo em falso podia lhe custar sua carreira, suas finanças, seu lar e até mesmo sua vida. Ester não só falou com Deus, mas reuniu todos que quisessem falar com Ele em seu nome.

Os passos de fé

Outro princípio espiritual decisivo que extraímos do convite de Ester para jantar com o rei é que ela não confiou em vitórias e estratégias passadas para situações atuais. Se você se lembrar da parte anterior de sua narrativa, Ester escolheu levar pouquíssimo para o rei na noite em que ela foi escolhida para estar com ele. Ela não decidiu sair e ter uma noite glamorosa, cheia de joias e encantos, mas sim confiar na simplicidade de seu próprio espírito honesto para gerar confiança. No entanto, nesse caso, ao buscar o Senhor e a direção dele, Ester levou tudo em consideração — até mesmo a pia da cozinha. Ela começou a planejar um banquete bem elaborado, digno de um rei — um rei que sabia bem como festejar e jantar. Lembre-se, esse é o mesmo rei que uma vez dera uma festa que durou seis meses. Seus padrões festivos eram altos. Porém, Ester estava pronta para o desafio. Porque quando tudo estava acertado, Ester fez a próxima coisa que o Senhor pede que cada um de nós faça quando enfrentamos desafios grandes demais para serem superados sozinhos. Ela deu um passo de fé. Ela adentrou no pátio interno para fazer um convite.

Muitos de nós estão esperando que Deus aja quando Deus realmente está esperando por nós. À medida que ler e estudar as Escrituras, você verá que ocorre sempre um padrão. A maior parte do tempo quando Deus estava se preparando para fazer algo grandioso por alguém ou por um grupo de pessoas, Ele abriu o caminho para as pessoas tomarem uma atitude. Elas tinham de agir em fé, mesmo quando não podiam ver o que Deus estava fazendo. Moisés teve de erguer o cajado e o povo teve de ir adiante antes de Deus abrir o mar Vermelho (Êxodo 14:21). Os sacerdotes tiveram de entrar no rio antes de Deus abri-lo

(Josué 3:14-16). Marta e o povo tiveram de remover a pedra antes que Deus ressuscitasse Lázaro dos mortos (João 11:41-44). Vez após vez, Deus não agiria até que o povo agisse com fé.

Deus está testando se você realmente crê nele ou se apenas diz que crê nele.

A fé é medida pelas suas pegadas. É medida pelos seus pés. A fé surge em sua caminhada, não apenas em sua fala. Ela se manifesta por meio da sua vida, e não só pelos seus lábios. A fé se faz conhecida por meio da sua ação, não só pela sua boca.

Quando não há pegadas para apoiar a sua fé, não há fé. Você não pode ficar sentado em casa e pedir para Deus lhe dar um emprego enquanto não sair para procurar por um. Já viu um pássaro sentado em um galho com seu bico aberto apenas esperando as minhocas caírem do céu? Nem eu. Enquanto os pássaros esperam Deus prover-lhes o alimento para seu sustento, eles também sabem que devem sair para caçar. Deus precisa ver a fé em ação porque "Sem fé é impossível agradar a Deus" (Hebreus 11:6). A fé é medida pelo que você faz, não apenas pelo que você diz.

Depois de Ester jejuar por três dias e fazer os preparativos do banquete, ela deu outro passo de fé. E depois outro. E depois mais outro. Todo o percurso até o cetro de ouro do rei. O que Ester ganhou em troca? Bem, até agora ela conseguiu uma porta aberta para dar o próximo passo de fé. Esse passo envolvia o plano de convidar seu marido para o jantar, junto com o inimigo Hamã. Desse modo, Ester ficou em vantagem ao ter Hamã em casa. Ela trouxe Hamã para seu território.

O que o jejum e a oração fizeram por Ester foi permitir que Deus lhe revelasse um plano. Quando ela não soube o que fazer, Deus lhe deu uma ideia. Ele teve de colocar na mente dela uma ideia que ela não teria por conta própria. Isso porque Deus conhece o fim desde o começo. À medida que a história de Ester se desenvolve, você vai perceber o quanto esse jantar revelou ser estratégico, mas Ester não sabia disso antes do tempo. Afinal, Ester é como nós — só podemos ver o que vemos no presente e no passado. O que a ligação com Deus no reino espiritual oferece é a oportunidade de explorar uma abordagem que vai além do natural e entra no cerne da providência.

Vamos tomar como exemplo Daniel. Ele é outro personagem bíblico que lida com um dilema baseando-se em seu relacionamento com o Senhor. No capítulo 1 do livro de Daniel, vemos que o profeta foi levado para outra cidade pagã por outro rei — Nabucodonosor. Este tinha estabelecido um sistema por meio do qual buscava reprogramar jovens israelitas quanto à sua cultura, fé e linhagem, ao mesmo tempo em que os reprogramava conforme uma visão de mundo completamente babilônica. Parte dessa visão de mundo envolvia a alimentação. Mesmo quando o rei ordenou que ele comesse um alimento sacrificado aos ídolos, Daniel recusou-se a comê-lo (Daniel 1:8). Ele não podia violar o mandamento de Deus para obedecer ao rei. Tendo contado ao chefe dos oficiais sobre sua decisão, o chefe recuou — com razão. Afinal de contas, se ele falhasse em fazer Daniel e seus amigos comerem o que foi ordenado pelo rei, sua própria cabeça seria pedida como punição (Daniel 1:10). O chefe dos oficiais não estava tentando argumentar apenas por argumentar. Ele estava em uma cadeia de comando que exigia obediência sob pena de punição.

Mesmo depois que Daniel deu um passo à frente para anunciar sua decisão arriscada de fé, por causa de sua confiança em Deus, o Senhor interveio. E advinha o que o Senhor deu para Daniel. Não, não foi um exército de anjos para aniquilar os babilônicos. Nem foi a força de Sansão para subjugá-los. Melhor ainda, o Senhor deu a Daniel uma ideia.

Ele colocou na mente de Daniel uma estratégia capaz de conduzi-lo até o objetivo pretendido. Daniel disse:

> Peço que faça uma experiência com os seus servos durante dez dias: Não nos dê nada além de vegetais para comer e água para beber. Depois compare a nossa aparência com a dos jovens que comem a comida do rei, e trate os seus servos de acordo com o que você concluir (Daniel 1:12-13).

Deus tinha dado a ele uma tática que daria certo. Depois de dez dias, o chefe dos oficiais viu que Daniel e seus amigos estavam mais cheios de vida, fortes e saudáveis do que os outros, então permitiu que eles continuassem obedecendo aos valores do reino.

Mas tenha em mente que Deus não deu a Daniel a ideia até que ele tivesse dado um passo de fé. Muitos de nós estamos esperando que Deus apareça e faça algo em nossa vida, mas ao mesmo tempo, Deus está esperando até aparecermos e darmos um passo de fé.

Deus não apareceu para os três jovens hebreus que foram lançados na fornalha ardente até que eles tivessem tomado uma posição a favor de Deus (Daniel 3). Novamente, Ele não apareceu para Daniel até que Daniel continuasse em oração contra a ordem do rei e fosse lançado na cova dos leões. (Daniel 6). A Bíblia é repleta de exemplos como esses.

O motivo pelo qual muitos de nós não estão vendo Deus conduzir e combinar as coisas em nosso favor, mesmo que estejamos tentando ficar no controle, é porque não estamos agindo do modo que Ele quer. Não estamos colocando a fé em ação com base no que sabemos. Como resultado, não somos capazes de lidar com as situações impossíveis que estamos enfrentando.

Festas, paciência e providência

O povo de Ester está prestes a ser aniquilado. Sua própria etnia é um segredo. Então, ela oferece ao rei um banquete. Ela dá uma festa! Tenho plena certeza de que uma estratégia militar específica nunca teria surgido na mente de ninguém por conta própria. Mas os caminhos de Deus não são os nossos caminhos, e é por isso que devemos nos humilhar em sinal de dependência do Senhor para alcançar a sabedoria de seu caminho providencial.

Foi bom Ester ter preparado um banquete, pois o rei não hesitou quando foi convidado. Lemos em Ester 5:5-6 que o rei praticamente largou o que estava fazendo e foi ao banquete dela. Lemos:

> Disse o rei: "Tragam Hamã imediatamente, para que ele atenda ao pedido de Ester". Então o rei e Hamã foram ao banquete que Ester havia preparado. Enquanto bebiam vinho, o rei tornou a perguntar a Ester: "Qual é o seu pedido? Você será atendida. Qual o seu desejo? Mesmo que seja a metade do reino, será concedido a você".

Mesmo depois do vinho e da comida ter acabado, a oferta continuava válida. "A metade do reino", o rei colocou seu pedido diante dela mais uma vez. Mas Ester não estava mordendo a isca. Enquanto o senso comum possa dizer, "Pegue — ele acabou de lhe oferecer tudo o que você precisa", Ester parou por um momento. Deus não lhe deu a liberdade de dar um passo à frente. Então, o que foi que ela fez? Ela respondeu educadamente:

> Este é o meu pedido e o meu desejo: Se o rei tem consideração por mim e se lhe agrada atender e conceder o meu pedido, que o rei e Hamã venham amanhã ao banquete que lhes prepararei. Então responderei à pergunta do rei (Ester 5:7-8).

Responder o quê? O homem tinha acabado de afirmar que lhe daria metade do reino. O que mais ela podia querer? Afinal de contas, ela havia feito esse jantar para pedir que ele salvasse seu povo do genocídio vindo do ódio de Hamã. Os dois homens estava lá, sentados diante dela bebendo vinho e enchendo a pança. Tudo parecia estar pronto, especialmente quando o rei voluntariamente até ofereceu-lhe, mais uma vez, metade de seu reino.

No entanto, em vez de juntar-se a eles e declarar seu pedido, Ester mais uma vez seguiu o plano de Deus. Ela seguiu a estratégia que Deus colocara em sua mente. Em vez de expor seu caso, Ester pediu-lhes que voltassem para um outro banquete. Esse banquete seria servido na noite seguinte. Agora, tenha isto em mente — Ester não estava lhes pedindo para voltar para comer as sobras. Ela havia elaborado um plano para convidar o rei e Hamã para jantar, sem saber o que Deus faria entre o primeiro e o segundo jantar. Isso acontece porque a obediência não requer que tenhamos pleno conhecimento de como Deus vai resolver as coisas. A obediência significa fazer o que Deus pediu para você fazer enquanto deixa as incógnitas em suas mãos.

E duas dessas "incógnitas" estavam prestes a fazer toda a diferença no mundo.

CAPÍTULO 7

Naquela noite

Seguindo o primeiro banquete, Hamã saiu do palácio do rei sentindo-se convencido e satisfeito. Ele tinha sido convidado para comer com o rei e a rainha. E não é só isso, ele foi o único súdito a ser convidado. O coração de Hamã encheu-se de orgulho, sem sombra de dúvida. Assim, quando encontrou Mardoqueu ao sair, este mais uma vez não se curvou perante ele, enchendo-o ainda mais de ódio e ira do que antes.

Ele já desprezava o homem e já havia se irado contra ele. Mas ser insultado quando acabara de chegar de uma das maiores honras pessoais do país era além do que Hamã podia suportar. Hamã então fez o que muitos homens fazem quando ficam irritadíssimos. Ele foi para casa e contou para seus amigos e esposa. Ele explodiu. Está registrado que:

Hamã vangloriou-se de sua grande riqueza, de seus muitos filhos e de como o rei o havia honrado e promovido acima de todos os outros nobres e oficiais. E acrescentou Hamã: "Além disso, sou o único que a rainha Ester convidou para acompanhar o rei ao banquete que ela lhe ofereceu. Ela me convidou para comparecer amanhã, com o rei. Mas tudo isso não me dará satisfação enquanto eu vir aquele judeu Mardoqueu sentado junto à porta do palácio real" (Ester 5:12-13).

Hamã massageou seu próprio ego na companhia daqueles que concordavam, e então esperou pela resposta sobre a única questão que ainda o incomodava. A resposta dos amigos veio rapidamente. Eles aconselharam Hamã a construir uma forca de cinquenta côvados de altura, logo pela manhã, e depois pedir ao rei que mandasse pendurar Mardoqueu nela. Depois, disseram para ele ir alegremente para o segundo banquete. A família e os amigos de Hamã sugeriram uma maneira de se livrar de Mardoqueu porque ele o estava humilhando. Ele havia tornado miserável o melhor dia da vida de Hamã com sua demonstração pública de desrespeito. De acordo com os companheiros de Hamã, Mardoqueu merecia morrer naquela forca. E Hamã concordou.

Isso nos leva ao nosso próximo evento crítico que aconteceu entre os dois banquetes. Esse envolvia o rei. O capítulo 6 de Ester começa com estas palavras: "*Naquela* noite, o rei não conseguiu dormir" (ênfase do autor). Observe que o texto não está se referindo a qualquer noite. Ele ressalta especificamente que está prestes a ser contado o que aconteceu "naquela noite". Não é uma noite comum. É uma noite especial porque é uma noite que envolve um conjunto especial de circunstâncias relacionadas a um conjunto especial de pessoas.

Que noite era essa? Foi exatamente a noite em que a rainha oferecera o primeiro jantar. Foi exatamente a noite em que Hamã estava pensando que era o dono do pedaço. Foi exatamente a noite em que Hamã voltou para casa, junto da família e dos amigos e disse como estava se sentindo furioso. foi também *naquela* mesma noite que Hamã estabeleceu um plano para construir a forca na qual Mardoqueu seria morto no dia seguinte.

Foi *naquela* noite. Essa não é apenas uma noite qualquer. É uma noite muito particular na qual ocorre algo muito peculiar: o rei não consegue dormir.

A insônia veio para ficar.

O rei se revira para lá e para cá na cama só porque algo "por acaso" o mantém acordado. Algo "por acaso" acontece para mantê-lo instável e desequilibrado. Provérbios 21:1 nos dá uma ideia de algo que lemos: "O coração do rei é como um rio controlado pelo Senhor; ele o dirige para onde quer". *Naquela* noite, Deus o fez sair e voltar para as cobertas várias vezes. Ele não permitia que o rei dormisse.

Sim, Deus sabe até como impedir que as pessoas durmam quando Ele precisa agir para cumprir seu plano soberano. Tenha em mente que você não está apenas lendo sobre *uma* noite. Não, estamos lendo sobre *aquela* noite na qual o céu tem de intervir na história ou Mardoqueu será morto e o pedido de Ester pelo seu povo provavelmente não será feito. É a noite em que as impressões digitais do mestre das marionetes estão agindo em seus planos, cutucando suavemente o rei cada vez que ele pegasse no sono.

Então, o que o rei fez para ajudar a aliviar sua insônia? De acordo com Ester 6:1, ele disse ao seu servo para buscar algo tedioso para ler. Embora a palavra "tedioso" não esteja registrado nas Escrituras, ele pede para ler os registros e as crônicas que, para mim e para a maioria de nós, seriam tediosos. Todos esses nomes, datas, lugares e eventos certamente funcionariam. O rei estava cansado. Sem dúvida, ele estava frustrado. Para descansar um pouco, ele ordenou que seu criado fosse até a biblioteca e pegasse os registros. Quando contar carneirinhos não funciona mais, você pode sempre tentar ler as crônicas históricas. Por que não?

O servo buscou o livro e pôs-se a lê-lo para o rei. Agora, posso imaginar que um livro de crônicas que registra a história e os detalhes das ocorrências diárias de uma nação teria muitas páginas. Provavelmente ele tinha muitos centímetros de espessura. Mas tenha em mente que "por acaso" o servo abriu o livro bem na página que tinha a ver com Mardoqueu. Alguns podem chamar isso de uma virada de página de sorte. Outros podem chamar de acaso. Há até mesmo aqueles que podem usar a palavra "destino" para descrever o folhear de centenas, senão milhares, de páginas até chegar àquela que é a mais importante.

Chamo isso de providência. É o mestre das marionetes agindo.

Nas crônicas, o servo leu para o rei como Mardoqueu certa vez relatara uma situação a respeito de dois homens que planejavam matar o rei. Eram dois dos eunucos que serviam como porteiros. Enquanto o servo lê, o rei antes sonolento de repente se senta na cama. Imagino que pode ter acontecido assim:

"Este homem salvou minha vida?", perguntou o rei.

Assustado e em alerta, o servo respondeu: "Bem... é, salvou". "Qual é o nome dele?", questiona o rei.

"Aqui diz que o nome dele é Mardoqueu", fala claramente o servo.

Retomamos a conversa no livro de Ester, onde lemos que o rei então pergunta: "Que honra e reconhecimento Mardoqueu recebeu por isso?" (Ester 6:3).

O servo respondeu que não sabia de nenhuma honraria ou dignidade dada a esse homem chamado Mardoqueu. "Nada?". O rei pode ter perguntado, curioso para saber por quê.

"Não, nada", teria afirmado o servo.

Tenha em mente que tudo isso está acontecendo *naquela* noite. Naquela noite em que Ester estava deitada imaginando o que faria na noite seguinte no jantar. Naquela noite em que uma raça inteira de pessoas permaneceu presa em um destino certo sob um édito de aniquilação. Naquela noite, quando foi marcado o enforcamento de Mardoqueu para o dia seguinte. Sim, foi *naquela* noite em que o rei não conseguiu dormir e então pediu um livro de registros — qualquer um — para ser trazido e lido para ele. Foi *naquela* noite, ao mencionar o feito heroico de dias atrás, o homem colocou Mardoqueu em evidência diante do rei.

A teia da providência

A providência de Deus está ligada ao tempo. O livro de Ester abrange anos, até mesmo décadas. Começamos com ela sendo uma jovem em um período de tempo quando a rainha Vasti é rejeitada. Mais tarde, Ester é escolhida para participar de um concurso de beleza no qual todas as mulheres adoráveis do reino têm a chance de se casar com o rei. Agora, por "sorte" — Ester é escolhida para ser rainha. Anos depois, chegamos ao ponto em que Hamã — um descendente dos agagitas e inimigo dos judeus — fica furioso com o parente de Ester e decide matar os judeus. Mardoqueu implora a Ester que defenda seu povo, e ela pede três dias para orar, jejuar e se preparar. Então ela oferece um banquete para o rei e Hamã, apenas para que este fique ainda mais irritado ao sair do jantar, planejando matar Mardoqueu no dia seguinte. A providência é tecida ao longo do tempo e das circunstâncias, assim como uma aranha cuidadosamente elabora sua teia. Cada movimento pode não parecer estar levando a nada significativo até que toda a teia esteja completa, mas cada movimento e ação são importantes.

É por isso que você deve confiar no coração de Deus mesmo quando não compreende a obra de sua mão.

Voltando ao rei *naquela* noite, descobrimos que, enquanto ele estava discutindo sobre Mardoqueu e o que havia sido feito para honrá-lo por salvar sua vida, ele ouviu um ruído fora de seus aposentos. Querendo saber quem estava lá, o rei perguntou quem era. Amanheceu e um ansioso Hamã apressou-se em pedir permissão ao rei para enforcar Mardoqueu. É de se duvidar que Hamã também tivesse dormido muito naquela noite.

A história desenrola-se em Ester 6, onde lemos:

> O rei perguntou: "Quem está no pátio?" Ora, Hamã havia acabado de entrar no pátio externo do palácio para pedir ao rei o enforcamento de Mardoqueu na forca que ele lhe havia preparado.
>
> Os oficiais do rei responderam: "É Hamã que está no pátio".
>
> "Façam-no entrar", ordenou o rei.
>
> Entrando Hamã, o rei lhe perguntou: "O que se deve fazer ao homem que o rei tem o prazer de honrar?"
>
> E Hamã pensou consigo: "A quem o rei teria prazer de honrar, senão a mim?" (v. 4-6).

Tenha em mente que ainda estamos falando sobre *aquela* noite. Ainda estamos no mesmo lugar no tempo. É a noite em que Hamã fica tão irritado que quer matar Mardoqueu ali mesmo. A noite em que o rei não conseguia dormir. Ainda é aquela noite na qual o rei chama alguém para ler o livro de registros e, por acaso, leu-se a parte em que Mardoqueu salvou sua vida. E é bem cedo *naquela* manhã — a mesma manhã em que o rei está se perguntando como honrar Mardoqueu — que Hamã entra novamente em cena com uma pergunta. Mas antes de Hamã conseguir abordar a questão, o rei começa a falar: "O que devia ser feito para o homem o qual o rei deseja honrar?"

Agora, Hamã presume que o rei está falando dele. Hamã acha que o rei está pensando no homem que era seu braço direito. Hamã sente como se estivesse adentrando em uma outra oportunidade de ser exaltado. Então Hamã responde ao rei com uma descrição elaborada do que deve ser feito quando o rei deseja demonstrar honra. Afinal de contas, com que frequência um rei faz uma pergunta dessas? Os versículos seguintes mostram a visão da mentalidade de Hamã, bem como sua resposta detalhada.

> E Hamã pensou consigo: "A quem o rei teria prazer de honrar, senão a mim?" Por isso respondeu ao rei: "Ao homem que o rei tem prazer de honrar, ordena que tragam um manto do próprio rei e um cavalo que o rei montou, e que ele leve o brasão do rei na cabeça. Em seguida, sejam o manto e o cavalo confiados a alguns dos príncipes mais nobres do rei, e ponham eles o manto sobre o homem que o rei deseja honrar e o conduzam sobre o cavalo pelas ruas da cidade,

proclamando diante dele: 'Isto é o que se faz ao homem que o rei tem o prazer de honrar!'"

Hamã exultou de alegria ao ajudar o rei a estabelecer o que era necessário ser feito para honrar quem ele pensava ser ele mesmo. Agora, você tem de entender que quando uma pessoa veste a túnica e monta o cavalo do rei e desfila pela praça como representante do rei — isso está dizendo a todos no reino que a pessoa que recebe tal honra será o próximo rei. Ele é o mestre nos bastidores. Todos os outros são apenas um substituto. Hamã não poupou recompensas ao elaborar o método mais enfático de convencer o rei a honrá-lo.

Só havia um probleminha irônico. E, na verdade, resumia-se em uma palavra. Se uma palavra adicional tivesse sido acrescentada à conversa do rei com Hamã, isso teria mudado tudo o que Hamã havia dito. Tudo. E essa palavra era "Mardoqueu". O rei só precisava dizer: "O que deve ser feito para honrar Mardoqueu?", e todas as honras que Hamã sugeriu seriam descartadas. Sem cavalo. Sem túnica. Sem proclamação pública de honra. Ele provavelmente ofereceria algumas migalhas ou sugeriria que o levassem às compras — e o tempo todo ele estaria queimando de raiva. Ainda que Hamã presumisse que o rei estava falando dele, a resposta do soberano envolveu mais do que uma corrida até o *drive-thru* para um Big Pérsia da lanchonete Susã. Deixar de fora uma palavra mudou o rumo da conversa.

Tudo mudou até o rei dizer: "Vá depressa, apanhar o manto e o cavalo e faça ao judeu Mardoqueu o que você sugeriu. Ele está sentado junto à porta do palácio real. Não omita nada do que você recomendou" (v. 10).

Tenho certeza de que você teria ouvido um alfinete cair naquela sala da realeza.

Hamã tinha ido ao rei para perguntar se ele podia matar o mesmo homem cujo rei acabara de lhe mandar honrar. A exibição pública de brutalidade orquestrada por Hamã foi invertida para a uma exibição ainda mais pública de honra.

Preste atenção nisso porque destaca uma das áreas da soberania e providência de Deus que muitas vezes ignoramos. Deus é um Deus de intersecções. Ele conecta os pontos que parecem ser inconectáveis. Ele transforma coisas que parecem imutáveis. Ele articula ao longo do labirinto acontecimentos que parecem não estar relacionados. Porque só podemos ver o que está bem diante de nossos olhos, raramente temos um vislumbre de como Ele age. Mas é em narrativas como essa que, mesmo sem ser mencionado, Deus oferece uma visão completa de quem Ele é de como Ele orquestra sua vontade.

Deus sempre tem um plano em mente, embora muitas vezes fale conosco de maneiras que nem sempre reconhecemos.

Deus sempre tem um plano em mente, embora muitas vezes fale conosco de maneiras que nem sempre reconhecemos. É por isso que, quando não há uma prioridade espiritual em sua vida, você é incapaz de compreender os sinais ao seu redor. Quando o fone está fora do gancho, você não pode atender à chamada. Você não consegue ligar os pontos. Você não consegue ver a floresta além das árvores.

Uma das principais maneiras pelas quais Deus responde às nossas orações e nos direciona em seu caminho providencial é por meio de coisas que consideramos ser coincidências. Quando deixamos de reconhecer o que encontramos *por acaso*, ou a pessoa com quem nos deparamos *por acaso*, ou a ideia que *por acaso* surgiu em nossa mente, ou certo lugar onde *por acaso* estamos, corremos o risco de perder a direção e a provisão de Deus em nossa vida. Providência significa que Deus intencionalmente interrompe, inicia, atrasa, acelera, dirige, move, muda, permite, impede, e tudo mais que Ele faz em seu plano soberano. E Ele faz isso de propósito. Ele faz isso porque está intersectando pessoas, pensamentos e processos para alcançar o objetivo pretendido. Vemos isso em todas as histórias das Escrituras.

Por exemplo, em 1Samuel 9, encontramos o pai de Saul dizendo-lhe para sair e perseguir algumas jumentas selvagens. Nos dias bíblicos, jumentas eram tão essenciais quanto os motoristas de aplicativo o são atualmente. Elas eram fundamentais para a vida, para o trabalho e para a adoração. Quando se perde as jumentas, tudo fica mais difícil. Então o pai de Saul enviou seu filho para resgatá-las.

Mas enquanto perambulava procurando as jumentas da família, Saul ficou deprimido. Ele não conseguiu encontrá-las.

Ele queria ir para casa. Ele também não queria que seu pai se preocupasse mais porque estavam longe de casa há muito tempo. No entanto, quando viu o semblante de Saul cair e ouviu seu pedido para ir para casa, o servo de Saul o incentivou a procurar um profeta.

Agora, você deve estar se perguntando — como a maioria das pessoas que lê essa história na Bíblia — o que um profeta tem a ver com encontrar jumentas? Nada, na verdade. Pelo menos nada que possamos ver. Mas Deus opera no âmbito espiritual, não no físico. O que o servo estava insistindo para que Saul fizesse era verificar no espiritual antes de simplesmente tomar uma decisão baseado em como ele se sentia no mundo físico.

Da mesma forma, devemos sempre ver o espiritual em primeiro lugar.

Saul pode ter se sentido estranho ao consultar um profeta sobre algumas jumentas perdidas. Mas ele seguiu o conselho de seu servo e foi mesmo assim, apenas para descobrir que Deus tinha uma carta na manga. Deus já dissera ao profeta no dia anterior que, quando algum homem aleatório aparecesse no outro dia, o profeta deveria ungir aquele homem como rei.

É, você leu certo. "Quando algum homem aleatório aparecer amanhã", Deus disse ao profeta Samuel, na minha tradução, "ele é o rei".

Você percebeu como as circunstâncias se desenrolaram?

As jumentas de Saul se perderam. Saul foi procurá-las e não as encontrou. Embora Saul tenha desejado ir para casa, seu servo o encorajou a consultar algum profeta. Saul concordou e então foi ungido rei.

Agora, eu sei que essa abordagem não seria ensinada em nenhum seminário de crescimento profissional ou em qualquer campus universitário do mundo inteiro. Porque essa estratégia só funcionaria para um homem — o homem que Deus escolheu providencialmente naquela situação para liderar, guiar e conectar.

Saul se tornou rei porque alguém sussurrou em seu ouvido que talvez ele devesse ir ao encontro de um profeta.

Quando as coisas não parecem estar indo a lugar algum — você se sente cansado, desgastado, como se estivesse tendo um dia daqueles — lembre-se sempre de focar o âmbito espiritual. Deus permite os obstáculos por uma razão. A Bíblia está repleta de obstáculos, desvios, inversões e intersecções.

> *Deus permite os obstáculos por uma razão.*

Um outro exemplo é Rute. *Por acaso* Rute estava colhendo nos campos, trabalhando com as sobras dos feixes e procurando qualquer coisa que pudesse transformar em uma refeição. Ela simplesmente estava vivendo em um país estrangeiro, longe de sua própria cultura e de seu povo. Ela *por acaso* atraiu o olhar de um homem chamado Boaz, dono do campo em que ela colhia. Daquele encontro, uma viúva que nunca tivera filhos casou-se novamente e teve um filho. O nome dessa criança é Obede. Posteriormente, Obede casou-se e sua esposa deu à luz a Jessé. Jessé casou-se e sua esposa deu à luz a Davi, que futuramente tornou-se o rei Davi, em cuja linhagem Jesus um dia viria à terra. Agora, isso que se chama colher na hora certa (Rute 2)! Deus tem uma maneira de conectar as coisas exatamente quando elas precisam ser conectadas.

A mãe de Moisés escondeu-lhe em um cesto e colocou-o no rio Nilo porque era uma época perigosa para os meninos judeus. *Por acaso* a própria filha de Faraó estaria tomando banho nas proximidades e acabaria adotando Moisés. Moisés não foi um *sortudo* por sua mãe colocá-lo em um cesto na hora certa? Moisés não foi um *sortudo* por causa da filha de Faraó estar tomando banho nas proximidades, em vez de ser algum escravo da casa de Faraó? Moisés não foi *sortudo* por ser adotado na família real para que futuramente pudesse libertar seu povo da opressão do Egito? (Êxodo 2:1-10)?

Não, Moisés não foi nem um pouco sortudo. Moisés era um filho da providência porque é assim que Deus trabalha. A providência é Deus conectando as coisas de maneiras que a humanidade nunca poderia fazer por conta própria.

A única razão pela qual eu pastoreio no local onde estou hoje é porque, há várias décadas, *por acaso* eu estava conversando com um homem em seu escritório e compartilhando como não tínhamos os US$ 200.000 necessários para comprar tal propriedade. Éramos uma nova congregação ainda lutando para pagar nossas contas, não tínhamos sequer US$ 2.000. Mas foi *por acaso*, quando eu estava compartilhando meu desânimo com meu amigo, que outro homem, que eu jamais conhecera, *por acaso* passou pela porta e ouviu nossa conversa. Então aquele outro homem *por acaso* entrou no escritório e se juntou à nossa conversa. Não demorou muito e, aquele outro homem — um homem que eu nunca conhecera — *por acaso* sentiu-se direcionado a dar os US$ 200.000 totais para que pudéssemos comprar a propriedade da igreja. Ah, como fui *sortudo* naquele dia de estar naquele lugar, na hora certa para que algum desconhecido que tinha recursos ouvisse minha conversa e pagasse a propriedade! Digo isso em tom de ironia. Não, eu não fui sortudo nem um pouco. Isso é providência. É soberania. É Deus intersectando os caminhos dos indivíduos para cumprir seu propósito.

Além do mais, tempos atrás quando nossa nova igreja se reunia em uma escola local, o Conselho Escolar decidira pedir para a gente ir embora. Eles nos informaram tal decisão com antecedência e disseram que tudo o que era necessário era que confirmassem com uma votação. Então, meu pastor associado, Pastor Hawkins, e eu, escolhemos dirigir até a escola no dia da votação para orar pessoalmente para que Deus mudasse a votação. Enquanto estávamos sentados orando, notamos que o Conselho Escolar parecia estar demorando mais que o normal. O tempo continuava a passar, então continuamos a orar. Depois de uma hora ou mais, um membro do Conselho Escolar saiu para dizer que poderíamos ficar lá nos reunindo como igreja.

O que havia mudado? Bem, os dois membros que eram contra que nos reuníssemos lá como igreja, *por acaso* decidiram ir juntos para a reunião naquele dia. Eles também se depararam *por acaso* com um acidente enquanto dirigiam para lá. Esse acidente aconteceu *por acaso* para fazer que eles se atrasassem. Quando chegaram à reunião, a votação já havia sido feita, foram cinco votos a nosso favor contra quatro para sairmos. Agora, algumas pessoas chamariam isso de sorte. Chamariam de destino. Mas você precisa saber com quem está lidando! Isso não é sorte nem destino. É Deus, o Criador do universo, impedindo dois homens de chegarem a uma reunião da qual Ele não queria que eles participassem. Esse mesmo Deus pendurou cada estrela no céu e, de alguma forma, mantém milagrosamente a Terra em sua órbita e fornece oxigênio suficiente para cada um de nós respirar. Se o próprio mundo dependesse da *sorte* para as estações, o clima e os nutrientes para fazer crescer a vida no planeta, estaríamos em uma situação lamentável em menos de um segundo.

Esse mesmo Deus que ordena providencialmente a todos no reino natural, também intersecta, organiza, estabelece, orienta e prepara providencialmente seu caminho com o que Ele deseja fazer tanto em você quanto por você segundo a vontade dele e para a glória dele.

Você percebe que muitos anos se passaram desde que Mardoqueu salvou a vida do rei? Mardoqueu arriscou sua própria segurança para tratar uma questão que ameaçava o rei. Além do mais, uma vez que ele abordou o problema, o rei simplesmente cuidou dos seus negócios e nem mesmo deu a

Mardoqueu o reconhecimento que ele merecia. Porém é assim que Deus costuma agir. Deus vê aquelas coisas que você fez nos últimos anos e que os outros esqueceram. Deus vê aquilo que você acha que foi ignorado, esquecido ou em vão. No relógio de Deus, não há limite de tempo. Ele sabe como voltar ao passado como se este também fosse o presente e trazer tal fato de volta no momento certo para cumprir seu plano para o futuro.

Nada é perdido na dispensação de Deus. Nenhuma boa ação que você realiza. Nenhuma devoção ou sacrifício que demonstre por Ele. Deus mantém um registro de tudo o que você faz e é um galardoador da fé, bem como das boas ações (Colossenses 3:23-24; Hebreus 11:6; Gálatas 6:9). Pode não acontecer no prazo que você espera, e algumas recompensas não acontecerão até você chegar ao céu, mas uma coisa posso garantir: Deus é justo e fiel.

E Ele vê você.

Assim como viu Mardoqueu. Quando Mardoqueu enfrentou seu momento de maior necessidade — um dia em que Hamã conspirou para enforcá-lo publicamente, Deus fez uma reviravolta. No final, Hamã acabou conduzindo Mardoqueu pela praça da cidade enquanto proclamava a todos que o rei escolhera honrar aquele homem. Se isso não é chamado de "pôr os teus inimigos como estrado para os teus pés" (Lucas 20:43), então não sei o que é.

É por isso que você não pode se deixar abalar quando parece que o Diabo está no controle da sua vida. Porque quando você reconhece a soberania de Deus e se submete ao seu governo,

Deus pode mudar tudo em um momento. Ele pode mudar as coisas da água para o vinho. Ele mudou a situação de Mardoqueu em menos de vinte e quatro horas. No mesmo dia em que Mardoqueu deveria morrer, ele acaba passeando no cavalo do rei pela cidade!

Veja, quando Deus está pronto para agir, Ele não precisa de muito tempo. Deus pode agir *repentinamente*. Além do mais, Ele não precisa da ajuda de ninguém. Isso porque, em sua providência, Deus pode pegar aquilo que foi feito para prejudicar, derrotar, desencorajar ou impedir você de seguir em frente e usar para conduzir você ao seu destino.

Deus está sempre agindo quando as circunstâncias parecem incontroláveis. Deus está sempre agindo quando a vida parece ser imprevisível. Ele está sempre operando quando o pecado parece ser imbatível. Na verdade, Deus está agindo até mesmo quando você está dormindo (Salmos 127:2). Ele pode estar em silêncio, mas Ele não está parado. A Bíblia relata: "Quando os caminhos de um homem são agradáveis ao Senhor, ele faz que até os seus inimigos vivam em paz com ele" (Provérbios 16:7). Deus pode mudar o roteiro em um instante.

Enquanto tiver uma visão pequena de Deus ou enquanto se recusar a colocar o âmbito espiritual em primeiro lugar (Mateus 6:33), você então estará sozinho para descobrir e resolver as coisas por conta própria. Deus tem todas as respostas, mas quando seu fone espiritual está desligado, você não consegue identificar o panorama. Ele não colocará pensamentos, novas ideias ou soluções em sua mente enquanto você optar por pensar como o mundo pensa. Pelo contrário, cada um de nós foi chamado para "renovar" nossa mente para que Ele possa nos transformar e mudar tudo o que está ligado a nós ou ao nosso redor (Romanos 12:2).

Você sabe qual foi a pior parte de toda a história para Hamã? Ele teve uma punição que ele mesmo ajudou a organizar ao conduzir outro homem na posição de maior honra na terra — no cavalo e no manto do rei. Mas a pior parte é que o homem que Hamã estava conduzindo era o mesmo que ele queria matar. Além do mais, Mardoqueu representava uma raça que Hamã detestava. Esse foi um ódio racista que levou Hamã a querer Mardoqueu morto. E esse mesmo homem que Hamã pensou — apenas vinte e quatro horas antes — que podia controlar, intimidar e determinar seu destino estava agora em uma posição de poder bem maior naquele dia.

Deus sabe como colocar as pessoas no mesmo patamar de igualdade, não sabe?

A providência de Deus ao abordar o racismo

Na verdade, a providência de Deus pode até mesmo enfrentar o racismo.

Eu não falo sobre o assunto com frequência, mas quero compartilhar aqui porque é um testemunho tão poderoso do poder de Deus para reverter as situações. O ano era 1969, e eu tinha vinte anos. Eu não era só um jovem negro durante o auge da luta pelos direitos civis, mas também era um jovem negro vivendo no âmago do próprio racismo. Eu me mudara de Baltimore para o Deep South para cursar a Universidade. O nome da igreja que um dos meus professores brancos me pediu para visitar com ele não precisa ser mencionado, nem o local. Eu não quero trazer isso à tona. Mas ao vivenciar aquele dia com meu professor branco, eu não tinha ideia de que algo daria errado. Assim que entrei naquela igreja, pude sentir o ar ficar pesado. Eu podia sentir os olhares me fulminado. E quando prossegui no final do culto para comprometer-me com o discipulado pessoal, foi um deus-nos-acuda.

Veja, naquela época, os negros não tinham permissão para frequentar a maioria das igrejas dos brancos. Meu professor não concordou com aquilo e me pediu para eu ir, apesar dessa norma cultural no Sul. Essa decisão dele não foi bem recebida, como você pode imaginar. Na verdade, disseram-me para ir embora e nunca mais voltar.

Além do mais, os líderes da igreja mais tarde fizeram uma reunião sobre qual seria a posição oficial sobre esse assunto de "raça". Essa reunião causou uma divisão na igreja entre os líderes e a congregação.

E para piorar as coisas, naquele domingo que eu estivera lá, havia um pregador convidado que era candidato ao cargo de pastor nessa igreja. Ele havia sido escolhido para ser o próximo pastor, mas eles ainda estavam passando pelas formalidades da votação. No entanto, depois que ele viu o que fizeram comigo, ele voltou atrás e disse a eles que não seria mais pastor em uma igreja racista.

Passaram-se anos após essa igreja se dividir, e eles perderam o pastor que havia sido chamado lá em um dia para pregar. A igreja continuou a declinar, não apenas em membros, mas também em seu impacto. Com o passar do tempo, ela se transformou naquilo que muitos iriam considerar um famoso Estudo Bíblico de pouquíssimos membros. É como se o próprio Deus tivesse retirado sua mão. E quando Deus retira sua mão, o caminho que você esteve trilhando não existe mais. Sua providência abre portas — e fecha.

A igreja entrou em decadência.

Alguns anos atrás, recebi um telefonema interessante do Presidente do Conselho Diaconal dessa igreja. Uma voz calma do outro lado da linha disse: "Tony, nossa igreja nunca se recuperou daquele dia em que você veio nos visitar com seu professor".

Eu não sabia o que dizer, então apenas disse: "Sinto muito por isso, mas eu entendo".

Ele continuou: "E reconhecemos que a razão pela qual Deus não atendeu às nossas orações ou reconstruiu a igreja é por causa dos atos racistas que cometemos contra você em 1969, bem como a tantos outros. Então, Tony, pediram-me em nome dos diáconos para ligar e pedir desculpas por termos feito você passar por isso. Também estou ligando para pedir humildemente que você venha pregar em nossa igreja".

A mesma igreja que não me permitia frequentar agora estava me pedindo para pregar.

Deus é o Deus das reviravoltas.

O mesmo homem que tinha a intenção de enforcar Mardoqueu agora o conduzia pela cidade no cavalo do rei.

Deus *é* o Deus das reviravoltas.

O mesmo Deus que soberanamente interveio para mudar o roteiro em ambas as situações também é o Deus que sabe como lidar com o que ou quem você está enfrentado. Ele pode ajustar, alterar, mudar e reverter todas as coisas para o seu bem e para a glória dele (Romanos 8:28).

Ele *é* o Deus das reviravoltas.

Se você simplesmente deixar de lado o sofrimento que surge da confusão, liberar a desconfiança que surge do pó das decepções e substituir ambas pela confiança no coração providencial de Deus, você verá o Senhor reverter fatores em sua vida que você pensou que nunca poderia mudar. À semelhança de Mardoqueu, Ester e de mim, você o verá fazer uma reviravolta.

Deus *é* o Deus das reviravoltas divinas.

CAPÍTULO 8

Repentinamente

Tentar entender Deus é como tentar montar um quebra-cabeça de cinco bilhões de peças. Na verdade, é mais como tentar montar cinco quebra-cabeças diferentes de cinco bilhões de peças que foram misturadas. São muitas peças com muitas variações. Seus pensamentos não são nossos pensamentos e seus caminhos não são nossos caminhos (Isaías 55:8-9). Nossa mente finita simplesmente não consegue compreender um ser infinito. É perda de tempo tentar iludi-lo, superá-lo ou enganá-lo.

E enquanto Deus certamente revelou muito de si para nós em sua Palavra e ao longo da nossa vida, como Deuteronômio 29:29 faz-nos lembrar, Ele ainda tem seus segredos guardados a sete chaves. "As coisas encobertas pertencem ao Senhor, o nosso Deus." Sim, Ele nos deu um vislumbre de sua existência impressionante — uma espiada em suas costas, como Moisés espiou (Êxodo 33:23) — mas a maior parte de quem Ele é e a maior parte do que Ele faz e pode fazer ainda são difíceis de entender. Estão fora da nossa capacidade de compreensão.

Você sabia que uma gota d'água contém 1,67 sextilhão de moléculas? Eu ficaria surpreso se você soubesse, já que essa não é uma informação que a maioria das pessoas discute. Mas você pode conferir se quiser. Pesquise no Google. É um número exato. Uma pequena gota d'água contém um número de moléculas que nenhum de nós é capaz de contar, mesmo que tentássemos. Tente contar até 1,67 sextilhão em algum momento e deixe-me saber até onde chegou.

Além disso, se você multiplicar esse número — um número que nenhum de nós tem tempo disponível para contar — por três, teria o número de átomos em uma gota de água. Esse número é 5.012.489.600.000.000.000.000 (cinco sextilhões de átomos em uma gota d'água). É, é um número real. Levaria um mês só para descobrir como pronunciar direito.

Mas saiba que quando você ou eu enchemos um copo d'água para beber, estamos enchendo esse copo com uma abundância de gotas — cada uma contém aproximadamente 5.012.489.600.000.000.000.000 de átomos. Ou, se você olhasse para um rio, uma lagoa, um lago, um mar ou para o oceano, poderia multiplicar todas essas gotas pelo número de átomos em cada gota para descobrir quantos átomos existem nelas. É muito esforço para uma mente compreender. E, no entanto, se

Deus perdesse de vista apenas um único átomo, Ele não seria mais Deus. Se um átomo se extraviar, a criação se descostura por inteiro.

Ou, pegue um fio de cabelo em sua cabeça. Uma pessoa comum nasce com mais de 100 mil folículos capilares na cabeça. Claro, alguns terminam com um grande número desses folículos capilares que não produzem mais cabelos na meia-idade, mas todos nós nascemos com um número justo. Agora, multiplique esse número de folículos capilares por sete bilhões de indivíduos no planeta e você está agora na margem dos octilhões do cálculo matemático. Quando a maioria de nós pensa em octilhões, pensamos naquela criatura viscosa que vive no mar — não um número além de nossa capacidade natural de calcular. E, no entanto, Deus diz que não cai um único fio de cabelo de sua cabeça sem que Ele esteja totalmente ciente (Lucas 12:7; Mateus 10:30).

E esse mesmo Deus que não perde um microssegundo ou uma simples sílaba em qualquer assunto conhecido da humanidade, é tão brilhante em sua capacidade que é capaz de pegar as coisas que parecem ser totalmente incompatíveis, desconexas e aleatórias — e dar sentido a elas. Deus pode montar um quebra-cabeça de um bilhão de peças em menos tempo do que você leva para piscar. Ele é bem maior do que as muitas vezes que lhe damos crédito. Ele é bem mais capaz do que muitas vezes percebemos. Ele é bem mais soberano no funcionamento diário da nossa vida do que muitas vezes ousamos imaginar.

É dessa grandeza que você mais precisa quando a vida se torna uma bagunça. É nessa soberania estratégica que você deve confiar quando a vida não fizer mais sentido. É nesse controle do nosso Criador que você deve confiar quando as circunstâncias parecem ser caóticas. Às vezes, a grandeza e a soberania de Deus podem nos assustar, como se um Deus tão grande não tivesse tempo para se preocupar com nossa vidinha. Mas, pela graça de Deus, em Jesus, somos filhos do Rei. E como filhos do Rei, somos chamados a acreditar nessa doutrina da soberania — também conhecida como superintendência — porque é assim que vivemos pela fé. Somos solicitados a crer nesse Deus que une o incompreensível para dar sentido àquilo que não tem sentido, naqueles momentos em que as coisas não estão mais acontecendo do nosso jeito. Para que todas as coisas cooperem para o nosso bem.

Infelizmente, porém, o que costumamos fazer quando as coisas parecem estar fora de controle é pegar o problema com nossas próprias mãos. Procuramos controlar nossas próprias circunstâncias. No entanto, isso só causa mais confusão.

Eu entendo por que fazemos isso. Não estou atirando pedras, apenas subvertendo-as para nós. Em tempos de incertezas, é fácil sentir que, se você não cuidar, não será cuidado. É fácil pensar que o relatório de saúde, a situação financeira, as brigas no relacionamento

> *Procuramos controlar nossas próprias circunstâncias. No entanto, isso só causa mais confusão.*

ou a carreira estagnada não vão mudar, a menos que você force a barra para mudá-los. E, no entanto, a sabedoria encontrada em uma mente finita, limitada a ver apenas o que aconteceu ou está acontecendo, nunca será suficiente para saber realmente o melhor caminho a seguir. Isso seria como pedir a você ou a mim para manter esses 5.012.489.600.000.000.000.000 átomos daquela gota d'água no lugar. Está além das nossas habilidades.

É por isso que é preciso ter fé para viver a vida do reino. Fé é confiar que o que Deus diz é verdade, mesmo quando você não consegue entender ou ver as conexões do que Ele diz. Fé é dar passos que demonstram que o que Ele disse é verdade. É acreditar na existência de algo, antes mesmo de ele existir, de modo que possa existir simplesmente porque Deus assim o disse. A fé requer um risco além da nossa razão por causa da confiança de que Deus sabe o que está fazendo.

O único livro da Bíblia que não menciona o nome de Deus tem as impressões digitais dele por toda parte. Como resultado, esse elemento de fé está entrelaçado ao longo do livro. Como já vimos, Ester descobriu que foi colocada em sua posição por um motivo espiritual, não apenas por benefício pessoal. Ela foi chamada ao reino "para um momento como este". Ela aprendeu que todo o plano de Deus em torná-la bonita era para que ela fosse escolhida entre todas as mulheres no reino para tornar-se rainha. Todo o plano de Deus ao criar sua personagem era para que ela cumprisse o propósito do reino reservado para ela. Todo o plano de Deus ao posicioná-la como realeza era para que ela pudesse salvar um povo inteiro da aniquilação. Deus orquestrou cada movimento, momento e conversa matinal para convergir em uma obra-prima cheia de significado.

O tempo providencial

Ester preparara o primeiro banquete para o rei e o homem considerado seu braço direito, o próprio arquiteto do genocídio, Hamã. Quando o rei perguntou o que ela queria, ela fez uma pausa. Ela se conteve e adiou o pedido mais uma vez. Essa era a segunda vez que ela adiava responder à pergunta sobre o que ela precisava. A primeira vez foi no pátio interno, onde ela se aproximou bravamente do trono e ele estendeu o cetro de ouro.

Quando o rei perguntou à Ester após o primeiro jantar o que ela queria, ela optou por adiar seu pedido. Ela escolheu recuar um pouco e não se pronunciar. Ela decidiu convidar o rei e Hamã para outro banquete. Esse momento não deve ser menosprezado ou subestimado, porque foi entre o primeiro e o segundo banquete, na noite seguinte, que ocorreu uma miríade de fatos decisivos. Havia uma série de fatos que Deus queria que acontecesse para preparar o palco para o pedido de Ester. Se Ester tivesse tomado à frente da direção de Deus impulsivamente e pedido ao rei o que ela queria no pátio interno, ou no primeiro banquete, ela teria se desviado do caminho certo.

Veja, o tempo é importante para Deus. Ele faz as coisas com tanta precisão que seguir a orientação e alinhar-se à direção dele é imperativo para avançar no caminho providencial que Ele tem para sua vida. Deixe-me explicar uma coisa sobre Deus. Ele não quer que você faça só a coisa certa — o que Ele está lhe pedindo para fazer —, mas Ele quer que você faça a coisa certa na hora certa. Ele tem um esquema primorosamente intrincado, formado por uma teia de circunstâncias, que estão interligadas e interagem entre si em nível tão alto de conectividade que, como um átomo perdido, podemos perder os planos que Ele deseja para nós quando recusamos seu direcionamento.

Quando Ester permitiu que ocorresse o intervalo entre o primeiro e o segundo jantar, ela deu espaço para Deus continuar organizando o enredo. Hamã saiu do jantar e correu até Mardoqueu.

Mardoqueu não se curvou e com isso irritou Hamã, que se queixou com amigos e familiares. Os amigos e familiares de Hamã encorajaram-no a matar Mardoqueu no dia seguinte. Hamã concordou que era um plano muito bom e resolveria seu problema de uma vez por todas.

O rei foi para a cama, mas não conseguia dormir. E enquanto revirava-se na cama, ele teve a ideia de alguém ler um livro grande e tedioso para ele. Eles trouxeram o livro de crônicas para o rei e leram sobre o homem chamado Mardoqueu, que salvou a vida do rei ao revelar um plano para matá-lo. O rei perguntou o que foi feito por Mardoqueu. Hamã entrou enquanto o rei estava perguntando. O rei perguntou a Hamã o que deveria ser feito para honrar alguém, e ele ofereceu um plano elaborado. O rei aceitou, e então encarregou Hamã de honrar Mardoqueu com seu próprio plano feito. Hamã conduziu Mardoqueu pelas ruas no cavalo do rei, vestindo a túnica do soberano para todos verem.

Foi a disposição de Ester em fazer uma pausa entre os jantares que levou ao atraso, que levou a uma mudança, que levou à rejeição de Mardoqueu, que levou Hamã a construir uma forca, que levou a uma noite de insônia, que levou à leitura de um livro entediante, que revelou um herói, que levou Hamã a honrar o homem que ele planejava enforcar.

Deus — o mestre das marionetes — juntou tudo para ocasionar o momento certo para seu plano providencial. Porém, para que isso acontecesse — para que houvesse tempo de preparar o palco para a mudança de cenário —, Deus tinha de ter alguém disposto a confiar e descansar nele. Ele tinha de ter alguém disposto a esperar em vez de tentar resolver o problema sozinho. Ele precisava de alguém que, ao ser perguntado sobre o que queria, até se fosse oferecida a metade de um reino, pudesse seguir o plano e simplesmente dizer: "Quero que você volte para jantar mais uma vez".

Ele precisava de alguém disposto a submeter sua própria estratégia ao governo de seu Espírito.

Seguindo o líder

A obra do Espírito Santo é liberá-lo ou impedi-lo de agir. Deus tem um sistema de *bip* dentro de cada crente que está em ligação com Ele. A comunhão com o Espírito Santo permite que você seja guiado por Ele sobre o que você deve ou não deve fazer e sobre quando fazer. Porque com Deus, tudo é uma questão de tempo. É por isso que lemos repetidamente trechos como:

> O Espírito me disse que não hesitasse em ir com eles (Atos 11:12).
>
> ... tendo sido impedidos pelo Espírito Santo de pregar a palavra na província da Ásia (Atos 16:6).
>
> Mas o Espírito de Jesus os impediu (Atos 16:7).
>
> É por isso que muitas vezes fui impedido de chegar até vocês (Romanos 15:22).

O Espírito Santo está lá para direcionar não apenas o que fazemos, mas também quando o fazemos. É quando Deus não lhe dá a liberdade de seguir em frente em alguma situação, ou quando você sente um empurrãozinho para ir em frente mais rápido do que você pensava. Quando algo parece estar o impedindo de dizer o que sentiu naquele momento. Ou quando você se sente levado a dizer algo que jamais pensou que diria. O Espírito dá a liberdade ou a restrição que precisamos para permanecer no caminho da vontade divina.

No entanto, se você não tiver uma antena espiritual conectada à presença de Deus, não será direcionado por Ele. Você não saberá o momento e qual passo dar. É por isso que a Bíblia diz que somente aqueles que são espirituais poderão perceber tais coisas (1Coríntios 2:14-16).

Se você escolher viver com uma visão de mundo enraizada no pensamento secular, você estará atrapalhando o plano de Deus para sua vida porque estará agindo quando Ele não quer que você aja ou estará estagnado quando Ele quer que você aja. Você estará falando quando Ele quer que você se cale ou estará calado quando Ele quer que você fale. Se você não consegue discernir como captar o sinal do céu porque seu fone está desligado, não saberá qual passo dar ou em que direção seguir. Seria como tentar subir uma montanha à noite sem uma lanterna – é perigoso, desastroso e mortal. A obra do Espírito Santo em sua vida é iluminar a direção de Deus enquanto você viaja nesta jornada chamada vida.

Um dos principais motivos pelos quais você e eu precisamos da iluminação do Espírito Santo é porque Deus geralmente age de forma contraintuitiva ao modo como pensamos e planejamos. Há muitas vezes em que Deus usa as coisas negativas para realizar as coisas positivas. Ele usará o que parece ser algo ruim para trazer algo bom. Ele até usa o Diabo para alcançar seus objetivos justos. E se Ele está disposto a usar o Diabo para ocasionar os resultados pretendidos, então você sabe que Ele também está disposto a usar pessoas diabólicas para alcançar.

Se você, no entanto, não sabe disso, e devo dizer que você *realmente* não sabe, quando você é atingido pelo Diabo ou por um de seus subordinados, então você acaba reagindo ao que você consegue ver. Acaba se emocionando com o que sente. Você acaba tendendo a consertar o que sabe consertar, enquanto estraga o plano perfeito de Deus.

A narrativa de Ester serve para mostrar que mesmo quando Deus está escondido — seu nome nunca aparece no livro — e mesmo quando tudo parece estar convergindo para uma tempestade, Deus está operando nos bastidores e nas situações a fim de levar as coisas adiante para cumprir sua vontade. Porque Deus tem de lidar com mentes limitadas como a nossa, que estão sempre tentando superá-lo, enganá-lo e manipulá-lo, Ele frequentemente precisa nos pressionar ou nos puxar para onde precisamos ir.

Certa vez, havia um sargento do Exército que estava treinando seus homens para ver até onde eles progrediam. Uma parte do treino exigia que os homens corressem para um riacho e saltassem sobre ele sem se molhar. Os homens começaram a pular e alguns conseguiram, mas a maioria acabou parcial ou totalmente submerso.

O sargento informou aos homens que o fracasso deles era simplesmente inaceitável. Ele lhes disse que, na manhã seguinte, eles estariam de volta ao riacho para saltar por cima dele mais uma vez. "Desta vez", disse o sargento de modo firme, "vocês vão se superar".

Os homens acordaram cedo na manhã seguinte e foram até à margem, apenas para descobrir que o sargento enchera a água de jacarés famintos. Sim, todos os homens de alguma forma conseguiram pular a água desta vez.

Às vezes, Deus permitirá que uma situação ruim, um cenário perigoso ou um desafio imprevisível a ser superado para levá-lo a um lugar aonde você jamais conseguiria chegar sozinho. Esse sofrimento e pressão colocados no caminho da vida impulsionam você a um nível maior de esforço, foco, vivacidade, poder e piedade que jamais alcançaria por conta própria.

No entanto, se não sabe disso tudo, ou se não entende que Deus trabalha de maneiras que envolvem dificuldades e desastres, você se tornará cínico, desconfiado e temeroso. O livro de Ester foi escrito para mostrar a você e a mim que Deus não orquestra as coisas de um jeito comum. Para Ele, resolver as coisas de forma sucinta e direta não é um evento regular. Pelo contrário, Ele tece a trama enquanto esperamos. Ele se posiciona enquanto cruzamos os braços. Ele planeja enquanto agimos. Então, quando chega a hora, como aconteceu com Ester, Ele prepara o palco — repentinamente. Em menos de vinte e quatro horas, Deus alterou o roteiro e a cortina subiu em uma cena novinha em folha.

Oh, como eu amo a palavra *repentinamente*. Ao longo das Escrituras, Deus agiu repentinamente para organizar, reorganizar e promover seu plano. Esperar em Deus significa esperar que Ele articule as coisas no tempo perfeito para que elas aconteçam. Isso não significa que estamos esperando que Ele construa tudo. Pelo contrário, estamos esperando que Ele organize todas as peças, os lugares e as pessoas no plano. Deus é um Deus do *repentinamente* (2Crônicas 6; Atos 16:25-26).

Olha, eu gostaria de poder lhe dizer quanto tempo mais você vai ter de esperar sua mudança. Eu gostaria de poder lhe dizer quanto tempo mais vão desrespeitar ou negligenciar você em seu emprego. Eu gostaria de poder lhe dizer quanto tempo mais você vai sofrer com essa situação que está enfrentando. Eu gostaria de saber quanto tempo o jogo da espera demoraria no plano de Deus. Mas eu não sei. Não posso dizer quanto tempo porque há muitas peças do quebra-cabeça. Tem muita gente no caminho. Há muitos processos no plano.

Mas o que posso dizer é que, quando Deus aparece, geralmente Ele aparece repentinamente. E de uma forma tão inesperada. Muitas vezes, Deus deixa as coisas piorarem antes de elas melhorarem. Às vezes, Ele permitirá que você vá até o fim — atinja o fundo do poço para descobrir que Ele é a Rocha lá no fundo. Ao fazer isso, Ele fortalece nossos músculos da fé e nosso espírito. Ele também recebe a glória e o louvor porque só Ele pode fazer um milagre a partir do caos.

Muitas vezes, Deus deixa as coisas piorarem antes de elas melhorarem.

Nunca esquecerei várias décadas atrás, quando minha esposa e eu éramos apenas um jovem casal tentando sobreviver no seminário. Estávamos comprometidos em minha esposa ficar em casa para cuidar dos filhos e não trabalhar durante esses anos, então eu estava tentando ir para a escola em tempo integral enquanto também tentava ganhar dinheiro o suficiente para a comida e o aluguel. No entanto, mesmo trabalhando o máximo que pude até a exaustão, mal conseguíamos sobreviver. Certa manhã, quando me sentei para fazer nosso devocional diário como casal, percebi que minha esposa começou a chorar. Fiquei de coração partido. Tudo o que tínhamos nos armários eram alguns feijões. Tudo o que tínhamos na geladeira eram alguns cachorros-quentes. Tudo o que tínhamos para beber era um pouco de café. Eu sabia que não era isso que significava ser um marido "provedor", então lhe perguntei o que precisava para que eu pudesse permanecer na escola. Perguntei-lhe quanto ela precisava para a comida, ou para qualquer outra coisa. E prometi a ela que, se não conseguíssemos o que ela precisava — seja lá qual fosse a quantia — até o final daquele mesmo dia, eu abandonaria a escola e trabalharia ainda mais para sustentar nossa jovem família.

As palavras saíram rápida e suavemente de sua boca: "$500, Tony. Precisamos de $500".

Isso era muito dinheiro em meados da década de 1970. Mas estávamos atrasados no aluguel, nosso carro mal chegava a qualquer lugar aonde precisávamos ir e não tínhamos comida. Ela estava certa. Então eu dirigi para o seminário naquele dia com uma oração em meus lábios: "Senhor, por favor, dá-nos os $500 ou me mostre teu plano. Eu pensei que Tu me chamaste para o seminário, mas Tu também me chamaste para sustentar minha família e, agora, não consigo fazer as duas coisas".

Pasmem, quando cheguei ao seminário naquele dia, fui até a minha caixa de correio estudantil e a abri. Dentro da caixa de correio havia um envelope sem identificação. Sem endereço de devolução. Nenhum nome além do meu.

E dentro havia cinco notas de $100 dólares. Não eram seis delas. Não eram quatro. Havia cinco porque $500 é o que minha esposa disse que precisávamos para que eu continuasse na escola. Deus estava se revelando. Era Ele invertendo as circunstâncias humanas *repentinamente* de acordo com sua vontade.

Anos depois, o homem que nos dera aquele dinheiro apresentou-se e contou-me o que acontecera. Ele explicou como Deus colocou meu nome em sua mente, e especificamente disse-lhe para me dar $500 dólares naquele mesmo dia. Deus conduziu, e mesmo que esse homem não soubesse aonde essa direção levaria, ele obedeceu. Ele não sabia por que se sentiu impelido a agir naquele mesmo dia e não adiar. Ele nem me conhecia, a não ser pelo nome. Eu nunca havia falado com ele antes na minha vida. Deixe-me, porém, explicar como Deus age. Deus pode sussurrar no ouvido de um indivíduo para responder uma oração de alguém que está orando em outro lugar. Ele pode ir longe para conectar coisas próximas, para que você saiba que Ele tem tudo sob controle. Ele pode manifestar-se por você na hora certa.

Pois é, Deus geralmente permite ficarmos encurralados para que não saibamos mais o que está acontecendo ou como resolver tudo. Ele age assim para que descubramos que somente Ele é Deus. Mas se a sua antena espiritual não estiver ligada — se estiver pensando de modo mundano, vivendo de modo mundano e tomando decisões com base em sua própria percepção, você não será capaz de captar os sinais do Espírito de Deus. Você não saberá para onde seguir ao longo do caminho da providência.

CAPÍTULO 9

As reviravoltas divinas

Retomamos a história de Ester preparando o palco para um homem muito deprimido. Se isso fosse um musical, ele cantaria uma balada desesperadamente triste. Hamã está emocionalmente no fundo do poço, afinal ele teve de conduzir pelas ruas um homem que ele queria enforcar. Então, ao chegar em casa, ele vai chorar debaixo da coberta.

A esposa de Hamã só piorou as coisas. Além de reclamar, ela começou a importuná-lo. No entanto, enquanto a esposa e os amigos dizem a Hamã que as coisas não parecem nada boas para ele, acontece outro fato: os eunucos do rei chegam exatamente nesse momento da conversa. Na verdade, o versículo começa com a palavra *enquanto*. Lembre-se, *enquanto* é uma conjunção de tempo. Por que isso é importante? Porque o tempo sempre tem relevância nos planos providenciais de Deus.

Lemos: "E, enquanto ainda conversavam, chegaram os oficiais do rei e, às pressas, levaram Hamã para o banquete que Ester havia preparado" (Ester 6:14). Agora, esse é o segundo banquete. É o segundo jantar. Isso faz parte do plano que Deus colocou no coração de Ester para adiar seu pedido ao rei até que Ele indicasse que era o momento certo. E por causa desse atraso, agora temos uma situação totalmente diferente em questão.

Apenas vinte e quatro horas redefiniram o palco. Hamã agora é pego de calças curtas. Mardoqueu foi exaltado publicamente. Hamã não teve tempo de tramar outro plano sobre o que fazer contra Mardoqueu porque, enquanto conversava com sua família e amigos, ele foi rapidamente levado ao segundo banquete. Resumindo, o mundo de Hamã virou de cabeça para baixo, e Hamã não teve tempo de entender como desvirá-lo.

E então, enquanto os três jantam novamente, o rei mais uma vez faz sua oferta a Ester. Até metade do reino podia ser dela, era só pedir. O momento dela chegou. Surgiu sua oportunidade de falar. Ester reuniu coragem dentro de si e expressou sua necessidade claramente dessa vez, colocando tudo em pratos limpos.

> Se posso contar com o favor do rei e se isto lhe agrada, poupe a minha vida e a vida do meu povo; este é o meu pedido e o meu desejo. Pois eu e meu povo fomos vendidos para destruição, morte e aniquilação. Se apenas

tivéssemos sido vendidos como escravos e escravas, eu teria ficado em silêncio, porque nenhuma aflição como essa justificaria perturbar o rei (Ester 7:3-4).

O rei ficou alarmado. Chocado. Irado. Ele pergunta a Ester quem teria surgido com uma ideia e um plano tão terríveis. Ester responde enfaticamente: "O adversário e inimigo é Hamã, esse perverso" (Ester 7:6).

Hamã, o mesmo homem sentado à mesa de jantar com eles. Hamã, o mesmo homem a quem o rei confiou assuntos nacionais e de defesa. Hamã, o homem em quem o rei confiava. Mas como ela expôs isso no segundo jantar, e não no primeiro, agora também é Hamã — o mesmo homem que construiu uma forca para Mardoqueu, mas teve de honrá-lo. A falha que havia no caráter de Hamã havia sido revelada ao rei. Hamã temia em seu espírito por causa da reviravolta tão repentina que ocorrera no dia anterior. Deus esperou a hora certa para permitir que Ester falasse ao rei. Devido a tudo isso, o rei nem sequer questiona Ester. Pelo contrário, ele imediatamente fica furioso. Ele está tão bravo que nem consegue falar. As Escrituras relatam que ele saiu transtornado para o jardim do palácio.

Enquanto o rei está do lado de fora tentando controlar suas emoções, Hamã, de uma maneira tola, aproxima-se de Ester para implorar por sua vida. No entanto, o tempo entra em jogo novamente. Pois lemos que, enquanto Hamã implorava por sua vida, o rei voltou para a sala. Lemos:

E voltando o rei do jardim do palácio ao salão do banquete, viu Hamã caído sobre o assento onde Ester estava reclinada. E então exclamou: "Chegaria ele ao cúmulo de violentar a rainha na minha presença e em minha própria casa?" Mal o rei terminou de dizer isso, alguns oficiais cobriram o rosto de Hamã (Ester 7:8).

Posso imaginar que, quando o rei viu o que viu, ainda no calor do momento, ele deve ter pensado: "Você deve estar de brincadeira comigo! Hamã, você já me disse que quer matar minha esposa e agora está em cima dela, violando-a em minha própria casa?". Se o ódio do rei por Hamã já tinha atingido o ápice antes mesmo de o rei sair para o jardim, quando ele retornou, o ódio do rei já tinha ultrapassado todos os limites possíveis.

Além do mais, Hamã não estava realmente violando Ester. Ele estava implorando por sua vida. Deus, porém, é tão bom em ser o Deus providencial que Ele é, que até permite que aconteçam impressões de coisas que não estão realmente acontecendo — a fim de cumprir sua vontade. Deus é tão sutil que fará algo parecer que está acontecendo só para realizar o objetivo pretendido. E foi exatamente isso que essa impressão proporcionou. Assim que o rei viu Hamã em uma posição que lhe pareceu ser uma violação, seus oficiais imediatamente cobriram o rosto de Hamã. Eles não lhe permitiram em nenhum momento falar por si mesmo. Deus não ofereceu uma oportunidade para Hamã se defender. Isso ocorre porque quando Deus age em julgamento contra um inimigo de sua vontade, Ele geralmente age rapidamente.

Os oficiais não apenas cobriram seu rosto, mas também sugeriram que o matassem na forca que Hamã havia construído para Mardoqueu. O rei não precisou de tempo para pensar em tal decisão. Ele lhes disse para enforcarem Hamã naquele exato momento.

Nas duas primeiras vezes que o rei questionou Ester a respeito do que ela queria dele, Deus a levou a postergar sua resposta. Se Ester tivesse impulsivamente passado por cima do tempo de Deus, Hamã não teria se zangado com Mardoqueu e não teria construído a forca na qual agora seria pendurado. Obedecer ao tempo divino do Senhor permitiu que Hamã cavasse sua própria cova.

Deus permitirá que os incrédulos ou inimigos de sua vontade expressem sua ira para que Ele possa usar tal sentimento para impedir tal pessoa de realizar a destruição que pretendia. Tudo tem a ver com o tempo. Tem a ver com o tempo sutil de Deus.

O Deus das reviravoltas

Deus é um Deus de reviravoltas. Ele pode reverter rapidamente aspectos que parecem ser irreversíveis. No capítulo 8 de Ester, descobrimos várias inversões. A primeira é que o rei deu a casa de Hamã, o inimigo dos judeus, à rainha Ester (v. 1). Isso é chamado de reversão econômica, uma reversão da fortuna. Tudo o que Hamã possuía agora pertencia a Ester. As Escrituras narram: "O homem bom deixa herança para os filhos de seus filhos, mas a riqueza do pecador é armazenada para os justos" (Provérbios 13:22). Quando Deus se prepara para fazer uma intervenção de ordem econômica, Ele pode mudar totalmente a sua situação. Ele também não precisa de muito tempo para mudar tudo. Tudo o que Hamã possuía agora era de Ester. Hamã era um homem rico. Ele tinha aplicado todo aquele dinheiro e ia usar uma parte dele para matar os judeus. Mas agora o rei havia colocado tudo nas mãos de uma certa judia, Ester.

Se não bastasse, também vemos uma inversão de poder. Foi uma reviravolta política. No versículo 2, lemos: "O rei tirou seu anel-selo, que havia tomado de Hamã, e o deu a Mardoqueu; e Ester o nomeou administrador dos bens de Hamã". O anel-selo era um sinal de autoridade, pois indicava poder, destreza e domínio. Agora, em vez de Hamã ter a autoridade do rei para submeter quem ele quisesse, o anel fora tirado dele e dado a Mardoqueu. Mardoqueu agora podia representar oficialmente o rei. Mardoqueu era influente. Ele estava no topo. Seu *status* havia mudado em um piscar de olhos. O mesmo homem que há apenas dois dias era um homem morto perambulando por aí, agora é o segundo no comando, usando o anel-selo do próprio rei.

Olha, Deus pode mudar suas circunstâncias em um estalar de dedos. Você pode pensar que seu chefe tem a palavra final. Pode pensar que "os poderosos" têm a palavra final. Pode pensar que aqueles colegas de trabalho inescrupulosos que conspiram contra você têm a palavra final. Você pode pensar assim, pois eles têm o nome, o dinheiro, a posição ou o poder que dizem ter.

Mas a verdade é que eles não têm absolutamente nada, a menos que Deus lhes dê. Além do mais, o Deus que dá também pode tomar. Se não acredita em mim, pergunte a Nabucodonosor.

O rei Nabucodonosor pôs-se diante de seu domínio da Babilônia e disse: "Acaso não é esta a grande Babilônia que eu construí como capital do meu reino, com o meu enorme poder e para a glória da minha majestade?" (Daniel 4:30). Basicamente, ele declarou ser o cara. Ele era o chefe. Era estava no comando. Tudo girava em torno dele.

Isso não soou muito bem aos ouvidos de Deus, então Deus deixou o rei Nabucodonosor saber quanto poder ele realmente tinha. A próxima parte da passagem começa com aquela palavra importante que notamos anteriormente, *enquanto*. Enquanto denota tempo. Está escrito:

> As palavras ainda estavam nos seus lábios quando veio do céu uma voz que disse: "É isto que está decretado quanto a você, rei Nabucodonosor: Sua autoridade real foi tirada. Você será expulso do meio dos homens, viverá com os animais selvagens e comerá capim como os bois. Passarão sete tempos até que admita que o Altíssimo domina sobre os reinos dos homens e os dá a quem quer".
>
> A sentença sobre Nabucodonosor cumpriu-se imediatamente. Ele foi expulso do meio dos homens e passou a comer capim como os bois. Seu corpo molhou-se

com o orvalho do céu, até que os seus cabelos e pelos cresceram como as penas da águia, e as suas unhas como as garras das aves.

Ao fim daquele período, eu, Nabucodonosor, levantei os olhos ao céu, e percebi que o meu entendimento tinha voltado. Então louvei o Altíssimo; honrei e glorifiquei aquele que vive para sempre.

O seu domínio é um domínio eterno; o seu reino dura de geração em geração. Todos os povos da terra são como nada diante dele. Ele age como lhe agrada com os exércitos dos céus e com os habitantes da terra. Ninguém é capaz de resistir à sua mão ou dizer-lhe: "O que fizeste?" Naquele momento voltou-me o entendimento, e eu recuperei a honra, a majestade e a glória do meu reino (Daniel 4:31-36a).

O rei Nabucodonosor aprendeu rapidinho qual domínio e reino está verdadeiramente no controle. Por sete anos, Deus reduziu esse homem poderoso a nada mais do que um animal no campo. Quando sua sanidade finalmente retornou, Nabucodonosor fez que todos soubessem que Deus, e somente Deus, governa e é de acordo com sua vontade que as nações são exaltadas ou abatidas.

A questão é simples: existe apenas uma Fonte. Se você conseguir assimilar essa verdade a fundo, no mais íntimo do ser, ficará livre das preocupações e do estresse. Ninguém — e eu não me importo quem seja — tem a palavra final sobre você como um cristão que vive pelo Espírito na vontade de Deus. Ninguém. O que significa que você nunca precisa viver com medo. Jamais tem de viver uma vida cheia de ameaças.

Pois é, eu entendo que as coisas podem parecer ameaçadoras para você, mas jamais deve vê-las como elas parecem ser, pois o homem não tem a palavra final. Deus tem.

Deus não só providenciou uma reviravolta na sorte e uma inversão de poder na história de Ester, mas também criou uma mudança legal. Deus reverteu os direitos e as restrições legais de todo um povo. Ester pediu ao rei que revogasse as cartas feitas por Hamã, a qual ordenava a morte dos judeus. E enquanto o rei não tivesse o poder de revogar o que ele já havia imposto, ele apresentou um plano alternativo. Ele instruiu seus escribas a escreverem de acordo com as ordens de Mardoqueu, autorizando os judeus a se defenderem quando fossem atacados. Essas cartas foram então distribuídas entre todos os habitantes das terras próximas e longínquas, com tempo suficiente para planejarem o contra-ataque.

> *O homem não tem a palavra final. Deus tem.*

Lemos:

> O decreto do rei concedia aos judeus de cada cidade o direito de se reunirem e de se protegerem, de destruir, matar e aniquilar qualquer força armada de

qualquer povo ou província que os ameaçasse, a eles, suas mulheres e seus filhos, e o direito de saquear os bens dos seus inimigos. O decreto entrou em vigor nas províncias do rei Xerxes no décimo terceiro dia do décimo segundo mês, o mês de adar (Ester 8:11-12).

De acordo com a lei de Hamã, todo judeu seria morto. Essa lei não pode ser alterada. Então, o rei disse a Ester para apresentar outro plano e colocar seu selo nele, e ele também transformaria tal plano em lei. Ele escreveu uma ordem de execução, onde todos os judeus agora tinham o direito de se defenderem contra qualquer um que tentasse matá-los naquele dia predeterminado.

Agora, se eu sou um persa agindo sob a premissa da lei número um onde os judeus não podem se defender, mas então descubro que agora eles podem me matar e matar minha família em revide e recolher nossos pertences como seus próprios despojos — vou repensar todo esse plano. Vou repensar se quero ou não participar. Principalmente, quando a ordem vem do próprio rei.

Deus tem um botão *reset* que pode remover o que Satanás fez contra você — pode até remover pessoas que se levantaram contra você, ou circunstâncias que claramente não estão ao seu favor — e quando Ele aperta o botão *reset*, Ele dá uma válvula de escape. Pode não impedir a maldade, mas pode fazer esse mal retornar para eles, e não para você, para que saia triunfante quando tudo estiver dito e feito. Isaías 59:19 relata: "Desde o poente os homens temerão o nome do Senhor, e desde o nascente, a sua glória. Pois ele virá como uma inundação impelida pelo sopro do Senhor". Ele vai apertar o botão *reset*.

Até agora, vimos uma reviravolta econômica, política e legal, mas agora também há uma reviravolta emocional. Se você se lembra de Ester 4:3: "Houve grande pranto entre os judeus, com jejum, choro e lamento. Muitos se deitavam em pano de saco e em cinza". Foi assim quando a primeira lei foi aprovada. Mas quando a segunda lei foi aprovada e os mensageiros disseram aos judeus que eles podiam se defender, vemos em Ester 8:16-17 que, para os judeus, essa "[...] foi uma ocasião de felicidade, alegria, júbilo e honra. Em cada província e em cada cidade, onde quer que chegasse o decreto do rei, havia alegria e júbilo entre os judeus, com banquetes e festas".

Deus pode fazer o mesmo com você. Você pode estar chorando hoje, mas não pense que vai ser assim quando acordar amanhã.

Não quando Deus entra em cena. Deus pode enxugar as lágrimas. Ele pode transformar o sofrimento em satisfação. Ele pode transformar a tristeza em alegria. Quando você aprender a lidar com os princípios divinos de reversão e de acordo com a direção e o tempo de Deus, submetendo-se à vontade dele e aprendendo a ouvir sua voz, em um instante suas emoções poderão ser transformadas, passando do desespero à alegria.

Ah, mas ainda não acabou. Porque tem mais uma coisinha. O último versículo de Ester, capítulo 8, termina da seguinte maneira: "Muitos que pertenciam a outros povos do reino tornaram-se judeus, porque o temor dos judeus tinha se apoderado deles" (v. 17). Você não ama esse versículo? Pela derrota dos inimigos pelos judeus e por Deus manifestar seu poder entre eles, muitos se converteram. Quando eles testemunharam a força do Deus invisível, a precisão do mestre das marionetes, a intencionalidade da mão invisível, desejaram estar com Ele. Eles não eram tolos; sabiam de qual lado queriam estar. Naquele dia, tornar-se judeu significava estar sob a aliança judaica. Para estar sob a aliança judaica, tinha que aceitar o Deus judeu.

Deus não apenas libertou seu povo por meio dessa reviravolta, mas também trouxe mais pessoas para o seu rebanho do que outrora. Às vezes, Deus permite que você seja colocado em uma situação ruim ou difícil a fim de lhe dar uma libertação sobrenatural para que os outros testemunhem e se convertam. Outros verão o Deus que mudou as coisas por você e também vão desejar tê-lo como Deus. Vão querer que Deus faça por eles o que Ele fez por você. Há uma reviravolta espiritual na vida dos indivíduos quando ouvem um testemunho ou vislumbram o que o único e verdadeiro Deus pode realmente fazer.

Há muitos dias em que eu gostaria de ser um pregador que pudesse dizer aos ouvintes que, se você se converter a Deus, não terá inimigos. Ou que não enfrentará dias difíceis. Que não terá anos de vacas magras, decepções ou patrões maldosos. Eu gostaria de poder pregar tal coisa, mas não posso porque estaria mentindo. Ao longo das Escrituras,

A glória de Deus brilha mais forte quando Ele faz as suas reviravoltas.

Deus permite desafios, contratempos e cenários ruins porque é contra o pano de fundo de impossibilidades que sua beleza brilha. Assim como um diamante brilha mais intensamente quando colocado no pano de fundo da escuridão, a glória de Deus brilha mais forte quando Ele faz as suas reviravoltas.

A questão é: sim, você enfrentará desafios no caminho rumo ao seu propósito. Mas seja lá o que encontrar, não precisa ter a última palavra. Quando você fica preso àquele que manipula os cordéis, pode testemunhar que pode contar com Ele em cada situação.

CAPÍTULO 10

Ligando os pontos

Imagino que, quando você estava crescendo, pode ter passado o tempo fazendo uma atividade que a maioria de nós conhece, chamada de "Ligar os pontos". Nesse jogo, há uma imagem oculta em uma página que você desenha seguindo uma ordem numerada ao ligar os pontos. O número um pode estar no lado oposto ao número dois, três ou quatro. Eles são colocados em toda a página em ordem aleatória, e é seu trabalho traçar a linha que liga cada um. Depois de terminar de ligar todos os pontos, você vê o desenho na página. Acho que você já ligou os pontos. (Perdoe o trocadilho.)

Agora, você nunca seria capaz de adivinhar o desenho apenas olhando para os pontos numerados. Da mesma forma, jamais pode adivinhar o destino providencial de Deus para sua vida apenas olhando para as circunstâncias que está enfrentando. A imagem do propósito do reino de Deus só é revelada quando Ele cria as diversas situações ou as permite surgirem na vida, até que uma imagem completa seja formada.

Essa é a imagem de Ester. Vimos Deus continuar ligando os pontos da vida da rainha no que parecia ser ocorrências aleatórias por um longo período. Mas à medida que mais e mais desses pontos são ligados, começamos a ver o que parecia ser uma história trágica transformar-se em um triunfo. Reconhecer a imagem que Deus está criando em nossa própria vida requer esse nível de atenção e consistência que teria usado na atividade de "Ligar os pontos". Também requer uma perspectiva que está enraizada no Senhor.

A providência muda sua perspectiva

Existem áreas ao redor do mundo onde o número de lobos supera a quantidade de suas presas. Quando ocorre tal fato, é possível que os lobos matem um grupo inteiro de animais em sua região. Assim, os preservacionistas trabalham para controlar o número de animais em uma determinada área, a fim de manter a população de todos os animais sustentável.

Por exemplo, no Alasca, os caçadores podiam vender peles de lobo por centenas de dólares cada uma. Em um momento na história, uma pequena recompensa também foi colocada em cada lobo pelo próprio Estado. Sendo assim, surgiu a história cômica em que um caçador conhecido como Bill chamou seu amigo John e o informou sobre a recompensa. Bill perguntou a John se ele queria caçar no fim de semana. John rapidamente concordou, e os dois homens foram embora.

Eles decidiram acampar durante a noite em uma área conhecida por grandes alcateias. Então, eles armaram a barraca, prepararam seus equipamentos para o dia seguinte e foram dormir. Na manhã seguinte, Bill e John foram acordados com sons altos vindos do lado de fora da barraca. Parecia um rosnado. Bill pegou a lanterna e foi olhar pela janela da barraca. Ao olhar, seus olhos se arregalaram. Mais de cem lobos cercaram a tenda, dentes à mostra, línguas para fora e saliva pingando na neve fria sobre o chão. Bill sacudiu John e gritou: "Acorde! Acorde! Acorde!".

John abriu os olhos e gritou de volta: "O quê? Que foi?" Bill sorriu de orelha a orelha e disse: "Olha! Estamos ricos!".

Tudo se trata de perspectiva. A perspectiva é como ver o que você vê. Pois, às vezes, você pode estar cercado de circunstâncias que não parecem ser nada boas. Ou há aqueles momentos em que as situações parecem não estar completamente ao seu favor. Na verdade, pode parecer que elas vão devorá-lo imediatamente. Mas quando discernir como ver a vida com a perspectiva do reino, você reconhecerá o lado positivo de cada dificuldade que enfrentar. Com Deus, sempre há um lado bom. Um desafio é simplesmente uma oportunidade para Ele mostrar o poder e a força dele na sua vida.

O mar Vermelho não era a morte certa para os israelitas, enquanto os egípcios perseguiam o povo em seiscentas carruagens armadas para a batalha. Não, o mar Vermelho foi o palco em que Deus realizou dois milagres — abrindo-o para o povo passar e secando o chão para que não ficasse atolado na lama enquanto caminhava (Êxodo 14:21-22).

Os cinco mil homens exaustos (sem incluir mulheres e crianças) que seguiram Jesus para ouvi-lo ensinar, apesar da falta de alimento para comer, não era um desastre humanitário prestes a acontecer. Não, alimentar os cinco mil com as migalhas de pão e peixe foi a tela na qual Jesus exibiu suas habilidades sobre o âmbito natural, bem como seu caráter de confiança e gratidão diante da necessidade e da carência (Mateus 14:13–21).

A aniquilação planejada para os judeus por um homem ressentido e orgulhoso chamado Hamã não foi o fim de um povo designado por Deus por meio de quem Ele abençoaria o mundo. Não, foi o pano de fundo para uma saga que destacou seu poder providencial para reverter os eventos, os decretos e as posições com facilidade e precisão.

Estudar o livro de Ester é uma quebra de paradigma da perspectiva de qualquer indivíduo sobre "sorte". Você não pode ter a providência divina e sorte ao mesmo tempo. O acaso, o destino e a casualidade não existem simultaneamente com a mão providencial de Deus. A providência de Deus significa que Ele está no controle, causando ou permitindo todos os aspectos.

Você não pode ter um Deus soberano e também ser pego de surpresa. Ele é o único ser na história para quem você não poderia dar uma festa surpresa. Além do mais, Deus nunca diz: "Xiii...". Sua providência é a disposição de todas as coisas para cumprir seus propósitos soberanos. Deus liga os fatores para realizar qualquer propósito que Ele pretenda em qualquer situação.

Se você chegou ao final deste livro que mostra a vida de Ester e a sua visão da providência de Deus não se expandiu; então eu fracassei porque todo o livro de Ester foi escrito para tal finalidade. Ele foi projetado para mudar sua perspectiva e identificar os desafios e as dificuldades da vida ao ver as oportunidades que Deus criou para revelar seu poder. Já mencionei antes, mas vale a pena repetir — em nenhum lugar em todo o livro de Ester o nome de Deus é mencionado. Ele está longe de ser visto claramente. O que torna ainda mais notável o que Ele realiza. E deve deixar ainda mais claro para você reconhecer suas impressões digitais agindo em sua própria vida e em suas próprias circunstâncias, mesmo quando não há maneiras óbvias de reconhecê-lo.

> *Perceber a suprema soberania de Deus vai libertá-lo de viver frustrado, ansioso e confuso.*

Perceber a suprema soberania de Deus vai libertá-lo de viver frustrado, ansioso e confuso. Uma das principais perguntas que me fazem como conselheiro pastoral é "por que" Deus permitiu tal coisa, permitiu aquilo, causou isso ou trouxe aquilo... quando tudo parece desmoronar. As pessoas fazem essa pergunta porque quando a vida não faz sentido, é fácil ficar bravo com Deus. É fácil fugir da fé. É fácil ser desonesto e até mesmo querer nos distanciar de Deus. Muitas pessoas se afastam da fé quando a vida fica tumultuada só por tentar colocar Deus dentro da caixinha do próprio entendimento.

Como você viu na história da vida de Ester, Deus permite que o mal ocorra. Embora Deus não realize o mal ou mesmo o endosse, ele o utiliza para realizar seu objetivo pretendido. Nossa responsabilidade como seus filhos é viver com a perspectiva correta dele. Devemos nos alinhar sob seu governo, confiando em seu cuidado para que possamos captar os sinais da sua direção. Se Ester tivesse tido um ataque de nervos quando descobriu que Hamã decidira destruir seu povo, provavelmente teríamos uma sequência bem diferente nessa história. Se Ester tivesse violado as regras para ver o rei sem ser convidada e não estivesse de acordo com a orientação de Deus, aquele cetro de ouro poderia não ter lhe sido estendido naquele momento. Viver uma vida em sintonia com a providência de Deus significa ficar tão perto do Espírito Santo que sua direção se torna sua própria segunda natureza.

Meu pai é um dos homens mais sábios que já conheci. Ele me educou de acordo com os princípios das Escrituras e incutiu em mim um profundo amor pela Palavra de Deus. Quando recentemente perguntei ao meu pai qual seria o conselho dele para um novo crente, ele resumiu em duas coisas simples, mas profundas. Ele disse: "Estude a Palavra de Deus para obedecê-la e siga a direção do Espírito Santo". É o discipulado do reino em poucas palavras. Conheça a Palavra de Deus e obedeça-a enquanto permanece tão perto do seu Espírito para discernir o que dizer, quando dizer, aonde ir, aonde não ir e muito mais — a fim de permanecer no caminho de sua direção providencial favorita.

O Espírito Santo é muitas vezes representado como uma "pomba" nas Escrituras. Se você sabe alguma coisa sobre pombas, sabe que elas podem ser um pássaro arisco. Não é preciso muito para elas voarem para longe. Dê um passo em direção a uma pomba e lá vai ela. Na verdade, muitos pássaros são iguais. É por isso que é tão importante em nosso relacionamento com o Espírito Santo permanecer alinhado. Devemos permanecer intimamente ligados a Ele em oração, purificados do nosso pecado pelo sangue derramado de Cristo e dedicados à obediência. Quando isso acontece, descobrimos um destino que se move em harmonia com os planos cuidadosamente calculados de Deus.

Eu estava pregando não muito tempo atrás quando um pássaro apareceu em nosso santuário. Agora, temos pássaros no santuário de vez em quando e, normalmente, o pássaro acaba pousando em algum lugar, deixando todos em paz. Mas esse pássaro tinha opinião. Esse pássaro parecia estar bombardeando a congregação, voando para cima e para baixo nos corredores como avião de caça em uma missão. O pássaro estava causando tanta perturbação que me fez parar de pregar — não é uma coisa tão fácil de fazer! Mas como todos haviam voltado sua atenção para o pássaro, tentei encontrar uma solução. "Alguém poderia, por favor, pegar aquele pássaro e levá-lo para fora?". Perguntei à congregação, enquanto as cabeças continuavam a se abaixar aqui e ali, fazendo o santuário parecer um grande jogo de caça à toupeira.

"É sério", continuei, "alguém pode pegar o pássaro? Depois vá e solte-o em seu hábitat". Como se pode imaginar, não havia voluntários. Eu suspirei fundo, desejando que pudesse pegar aquele pássaro e acabar com a confusão. Foi quando, de repente, assim que eu terminei de falar aquelas palavras sobre pegá-lo e, como se fosse uma deixa, o pássaro voou diretamente para o lugar em que eu estava pregando (ou nesse momento, eu havia parado de pregar) e pousou a alguns passos de distância dos meus pés. Conhecendo a natureza dos pássaros, caminhei delicadamente até ele.

Então me abaixei e, novamente de modo suave, peguei-o. O pássaro não se mexeu. Então entreguei o pássaro para outra pessoa levá-lo para fora.

A captura foi toda na abordagem. Tentar pegá-la enquanto a ave subia e voava por todo o santuário, com todos se abaixando e gritando, serviria apenas para deixá-la mais agitada. Mas quando ela voou para onde eu estava, fui capaz de me aproximar dela tranquilamente, abaixar e levantá-la como se nada tivesse mudado em seu ambiente.

Não quero exagerar a natureza dessa comparação. Não estou dizendo que o Espírito Santo tem medo de nós e fugirá se chegarmos perto dele. Pelo contrário, o que estou dizendo é que a intimidade que foi criada com o pássaro no santuário é a intimidade que o Espírito Santo deseja ter com cada um de nós. Ele deseja que vivamos em uma cadência tão íntima com seu próprio ambiente que estejamos em sincronia com cada ação dele.

Os problemas ao se conectar com a providência de Deus surgem quando ficamos alarmados com as circunstâncias e situações adversas da vida. Quando começamos a gritar, mexer-nos, pular, correr e abaixar-nos devido aos medos e às preocupações ao nosso redor, somos incapazes de ouvir aquela voz mansa e delicada do Espírito e aceitar a união com Ele.

No entanto, seguir cada ação do Espírito é fundamental para avançar no caminho da providência. Se Ester tivesse pedido a cabeça de Hamã no primeiro jantar, antes que Hamã construísse uma forca para Mardoqueu e antes que o rei fosse lembrado do ato corajoso de Mardoqueu ao salvar sua vida, o rei poderia ter defendido Hamã em vez de agir com justiça. Afinal, Hamã era íntimo do rei de muitas maneiras. Mas porque Ester permaneceu ligada à direção do Senhor, buscando-o primeiro em jejum e oração coletiva, ela foi capaz de permanecer sob seu cuidado providencial e tempo perfeito.

O maior problema que os crentes enfrentam ao se desviarem do caminho do propósito que Deus tem para eles não é Deus deixar de ser Deus. O maior problema é que estamos tão desalinhados com Ele e tão reativos às situações de mudança ao nosso redor que deixamos de vê-lo e ver o que Ele está fazendo, principalmente quando circunstâncias ruins surgem em nosso caminho. Estamos nos abaixando e gritando em vez de agirmos tranquilamente de acordo com sua direção.

A volta da vitória

Chegamos agora ao capítulo 9 do livro de Ester, onde descobrimos que a liberdade dos judeus para se defenderem os levou além do que apenas se defenderem. Na verdade, eles se tornaram os protagonistas no pretenso dia de sua condenação. Lemos:

> No décimo terceiro dia do décimo segundo mês, o mês de adar, entraria em vigor o decreto do rei. Naquele dia, os inimigos dos judeus esperavam vencê-los, mas aconteceu o contrário: os judeus dominaram aqueles que os odiavam, reunindo-se em suas cidades, em todas as províncias do rei Xerxes, para atacar os que buscavam a sua destruição. Ninguém conseguia resistir-lhes, porque todos os povos estavam com medo deles (v. 1-2).

Isso aconteceu doze meses depois de Hamã ter originalmente posto em ação um plano para destruir os judeus. A narrativa faz questão de chamar a atenção para o fato de que "no dia" em que Hamã esperava executar seu plano de destruição, Deus deu a volta por cima para que "os próprios judeus ganhassem domínio sobre aqueles que os odiavam" (v. 1). Deus deu a volta por cima. Exatamente no dia em que os judeus foram selecionados para ser derrotados pelo inimigo, Deus mudou completamente o roteiro. Não foi um dia antes. Não foram meses antes. Deus esperou até o dia em que eles seriam mortos e alterou os acontecimentos.

Naquele dia.

Caso você não saiba, todos nós temos um "dia daqueles". Todos nós temos um alvo nas costas, colocado lá pelo próprio inimigo (Efésios 6:10-18). As Escrituras chamam de o dia mau (v. 13). Esse é o dia em que o diabo determinou destruí-lo. É o dia em que Satanás determinou destruir sua vida. É o dia em que o inimigo quer trazer a culminação de todos os ataques que ele lhe lançou e arruinar seu futuro com a interseção de todas as coisas.

Mas, assim como Satanás constrói uma estratégia de derrota para a sua vida, Deus estabelece os fatos ao longo do caminho rumo à vitória. Cada movimento que o Diabo faz, você pode ter certeza de que Deus já está dois movimentos na frente. Deus está sempre se movendo ao longo de um período de tempo para trazer sua conclusão pretendida no momento certo. Assim, Deus vai até permitir que o mal se desenvolva e se perpetue para situar-se no lugar certo, pois enquanto Ele livra você, Ele também destrói tal mal. E ao destruí-lo, "aquele dia" torna-se um dia maior do que o dia originalmente planejado.

No caso de Ester, quando chegamos ao dia da destruição dos judeus, Hamã já está morto. E Deus está se preparando para eliminar todos os que se opuseram aos judeus em acordo com Hamã. Deus sempre tem um plano maior do que você consegue ver.

Deus já o liberou de algo, apenas para que o problema voltasse para você? Isso também já aconteceu aos israelitas que fugiram de Faraó, pensando que tinham sido libertados, apenas para ter Faraó no seu encalço depois de ele ter o coração endurecido por Deus e por isso mudar de ideia. Alguma vez Deus o libertou de algo apenas para que a mesma questão que você pensava que estava resolvida voltasse para você? Você pensou que nunca mais teria de lidar com o problema — pensou que estava longe dele, ou deles. Você pensou que não teria de lidar mais com aquele chefe. Ou com aquele problema financeiro. Ou com aquele problema de saúde. Só para descobrir que parece que Deus fez uma pegadinha com você e o que parecia ser uma bênção se transformou em maldição.

O motivo pelo qual Deus permitirá essas aparentes frustrações é porque Ele está atrás de algo maior do que você vê, e Ele alinha todas as peças para realizar seu julgamento e libertação imediatos. Às vezes, Deus permite que as coisas piorem porque Ele está atrás de um objetivo maior. Em outras palavras, Ele piora as coisas para mostrar o quanto Ele pode ser um grande libertador. Ele age dessa forma com estilos diferentes para diferentes pessoas, e seus caminhos raramente são os mesmos

Quando, porém, você não pode confiar no que vê, deve sempre confiar no que sabe.

por natureza. Quando, porém, você não pode confiar no que vê, deve sempre confiar no que sabe. Ele está conduzindo os caminhos da vida em direção ao propósito do seu reino.

Uma vez que você entende a segurança dessa doutrina da providência e como permanecer alinhado com Deus sob seu domínio, quando as coisas piorarem em sua vida, não terá mais que reagir ao que vê. Pelo contrário, pode descansar naquele que você conhece que permitiu que tudo isso acontecesse. Você pode descansar porque sabe que Ele está tramando algo grande.

Tome Mardoqueu como exemplo. Ele não só foi liberto da condenação, mas lemos em Ester 9:4 que, "Mardoqueu era influente no palácio; sua fama espalhou-se pelas províncias, e ele se tornava cada vez mais poderoso". Na verdade, Mardoqueu foi promovido a partir de uma série de eventos tramados para destruí-lo. Os judeus também se levantaram, em vez de apenas se defenderam, mas derrotaram um inimigo que estava empenhado em destruí-los.

Tenha em mente que os judeus simplesmente não ficaram sentados e declararam que a batalha estava vencida. Eles se levantaram e abriram caminho para a vitória. Os caminhos providenciais de Deus não estão brilhando como ouro para você facilmente patinar sobre elas. Muitas vezes, são estradas de paralelepípedos que exigem seu esforço e atenção a cada passo. Na batalha espiritual, você não se senta ao lado e observa Deus resolver tudo sozinho. A batalha espiritual significa que você deve se envolver. Você deve pegar sua espada e lutar. Deve fazer o que Efésios 6:10-18 chama a fazer ao vestir a armadura completa de Deus como suas armas de guerra. Você não pode simplesmente orar por libertação e depois não ir em busca dela. Deve aplicar o espiritual ao situacional para que os propósitos e o poder de Deus operem através de sua obediência. Você deve usar de modo intencional quaisquer recursos legítimos que Deus lhe forneceu porque Ele o chamou para se envolver na batalha.

Êxodo capítulo 17 dá-nos um vislumbre da necessidade crítica do nosso envolvimento. Quando Israel estava lutando contra seus inimigos, Moisés sentou-se em uma rocha com as mãos levantadas. As Escrituras relatam que enquanto suas mãos estivessem levantadas, Israel prevaleceria na batalha. Mas quando Moisés abaixasse as mãos, Israel começaria a perder a luta. Por que Moisés teve de levantar as mãos enquanto segurava a vara de Deus? Porque ele tinha que fazer do céu o ponto de referência central para a batalha na terra.

Haverá fatores pelos quais você terá de lutar no caminho que leva ao seu propósito. Haverá problemas que você terá de enfrentar. Haverá situações que você terá de negociar. Haverá momentos em que você precisará agir como Ester agiu usando sua influência com o rei. Haverá circunstâncias que exigirão sua ação. Você não pode simplesmente ficar sentado e confiar que Deus fará tudo. Ele é quem está preparando os caminhos, mas Ele o chama para caminhar nelas. Esperar no tempo de Deus e ser guiado pelo seu Espírito não significa ficar sem fazer nada. Esperar em Deus significa não se desviar dele para fazer algo que Ele não pediu. Esperar em Deus significa permanecer preso à sua liderança e não o desobedecer tentando forçar a mão dele. Pois enquanto estiver agindo dentro da vontade do Senhor com base na Palavra de Deus, você estará em condições de vê-lo agir providencialmente em suas circunstâncias.

A questão é: você deve estar se movendo também.

O povo judeu entrou na batalha com a permissão do rei. Após o primeiro dia de batalha, o rei perguntou a Ester o que mais ela queria dele. Vendo a porta aberta, Ester pediu mais um dia para os judeus lutarem. Além disso, ela pediu que os dez filhos de Hamã que haviam sido capturados também fossem pendurados na forca. Mais uma vez, o rei concedeu o pedido de Ester.

Estender a batalha por mais um dia deu aos judeus a vitória que esperavam. No dia seguinte, eles mataram 75 mil inimigos. No futebol, enquanto o juiz não apita o fim do jogo, isso indica que ainda há tempo de quem está perdendo virar o jogo ou de quem está ganhando ampliar ainda mais o placar. Quando um time está aumentando o placar, os jogadores estão deixando o outro time saber quem está no comando. Eles estão levando o assunto a sério, do quanto é ruim perder, e dando seu recado. Deus usou Ester para dar o seu recado. A questão é livrar-se de tudo o que você está enfrentando, e não de apenas uma parte do problema. Se você se lembra do início dessa história, o único motivo pelo qual Hamã estava na posição que ocupava era porque o rei Saul recusara-se a matar o rei Agague e todos os agagitas e amalequitas (1Samuel

15). Saul havia desobedecido a Deus ao se recusar a eliminar um inimigo que, mais tarde, voltou para assombrar os judeus. Então, dessa vez, Ester pediu outro dia para terminar o que um rei judeu anterior não conseguiu fazer. Ester e aqueles sob sua influência foram chamados a lidar com a questão porque Saul recusou-se a lidar com o problema da maneira que Deus o instruiu muitos anos atrás.

Questões semelhantes podem surgir em nossa própria vida quando Deus instrui a remover um pecado ou comportamento vicioso da nossa vida, mas apenas eliminamos uma parte, e não por completo. Quando não se elimina completamente um pecado em sua vida, você deixa a porta aberta para que o câncer cresça, espalhe-se e domine tudo. O que quer que você tenha deixado para trás pode, mais tarde, manifestar-se e destruí-lo. Ester conhecia esse princípio e queria que o inimigo dos judeus fosse totalmente eliminado. Ela sabia que havia repercussões de gerações pelos fracassos passados. A irresponsabilidade de gerações conduz a uma vida inteira de opressão, vício e desperdício. Ester queria resolver o problema ali mesmo, então ela procurou o rei para mais um dia de batalha. Sua mente estratégica era mais esperta do que a do antigo rei de seu povo, o que mostra que Deus não faz acepção de pessoas, nem de gênero, quando se trata de cumprir seu plano e propósitos; Ele posiciona e capacita o povo por intermédio de quem Ele realizará sua vontade. A rainha terminou o trabalho que o antigo rei não conseguiu.

Lembre-se da providência de Deus

Ester então concluiu seu plano de batalha estabelecendo uma celebração. A história termina informando que Ester, junto de Mardoqueu, realizou uma celebração anual chamada Purim. Essa celebração era para comemorar a libertação única que Deus havia providenciado para os judeus não apenas sobreviverem a um decreto de morte, mas também para dar a volta por cima e garantir uma vitória completa e decisiva sobre seus inimigos. Lemos:

> Então a rainha Ester, filha de Abiail, e o judeu Mardoqueu escreveram com toda a autoridade uma segunda carta para confirmar a primeira, acerca do Purim. Mardoqueu enviou cartas a todos os judeus das cento e vinte e sete províncias do império de Xerxes, desejando-lhes paz e segurança, e confirmando que os dias de Purim deveriam ser comemorados nas datas determinadas, conforme o judeu Mardoqueu e a rainha Ester tinham decretado e estabelecido para si mesmos, para todos os judeus e para os seus descendentes, e acrescentou observações sobre tempos de jejum e de lamentação. O decreto de Ester confirmou as regras do Purim, e isso foi escrito nos registros" (Ester 9:29-32).

O nome dessa lembrança e celebração anual foi tirado da palavra *Pur*. Você se lembrará que, em Ester 3:7, Hamã usou o

Pur para determinar a data em que os judeus seriam mortos. Lemos: "No primeiro mês do décimo segundo ano do reinado do rei Xerxes, no mês de nisã, lançaram o pur, isto é, a sorte, na presença de Hamã a fim de escolher um dia e um mês para executar o plano. E foi sorteado o décimo segundo mês, o mês de adar". Agora, não só os judeus sobreviveram, mas a rainha Ester criou um feriado chamado Purim para celebrar essa reviravolta de eventos que Hamã havia originalmente colocado em ação.

Veja, *Pur* tinha a ver com sorte. Tinha a ver com jogar os dados para determinar algo. Então, os judeus decidiram dar o recado que não existe essa tal coisa de sorte. Os dados não determinaram a data de sua aniquilação. Pelo contrário, Deus providencialmente determinou a data de sua vitória. E enquanto os dias aproximavam-se do que um lado pensava ser uma vitória certa para eles, Deus estava organizando as circunstâncias para trazer a vitória para o outro lado.

A celebração de Ester — um feriado que ainda é lembrado e honrado até hoje — foi para lembrar aos judeus que Deus é um Deus de providência. Deus intervém em favor de seu povo contra o mal que os destrói. Ele intervém para inaugurar os propósitos de seu reino. A história de Ester faz-nos lembrar que a soberania é mais forte que a estratégia humana e que a providência anula os planos da humanidade.

Deus é um Deus de Purim. Ele é um Deus de providência. Não importa o que os outros tenham feito com você, eles não determinam onde os dados caem. Eu não me importo com o que as finanças, a saúde ou as circunstâncias fizeram com você; eles não determinam onde as coisas vão acabar. Só Deus coloca em ação o que é definitivo em sua vida. É Deus quem faz as interseções nos caminhos rumo ao seu propósito. Sua responsabilidade é permanecer ligado à Palavra de Deus e em estreita proximidade com o Espírito dele, para que cada passo que você der seja aquele que Ele o está guiando para dar. Passo a passo, você vai chegar lá. Sim, alguns passos são mais difíceis do que outros. Algumas colinas são mais íngremes que outras. Algumas caminhadas são mais traiçoeiras do que outras. Mas tudo isso é necessário para levá-lo aonde Deus quer que você vá. Você não precisa ver o destino ao começar sua jornada. Você só precisa conhecer aquele que é capaz. Ele irá guiá-lo, direcioná-lo e sustentá-lo enquanto você fica perto dele a cada passo ao longo do caminho.

> *A história de Ester faz-nos lembrar que a soberania é mais forte que a estratégia humana e que a providência anula os planos da humanidade.*

Ele sabe o caminho. Ele conhece a peça. Ele está escrevendo o roteiro. Ele está montando o palco. Ele está mudando as cenas e escalando os personagens. Você só precisa obedecer sua direção nesta grande e espetacular história da sua vida.

APÊNDICE

Versículos sobre a soberania de Deus

» "Teus, ó Senhor, são a grandeza, o poder, a glória, a majestade e o esplendor, pois tudo o que há nos céus e na terra é teu. Teu, ó Senhor, é o reino; tu estás acima de tudo. A riqueza e a honra vêm de ti; tu dominas sobre todas as coisas. Nas tuas mãos estão a força e o poder para exaltar e dar força a todos" (1Crônicas 29:11-12).

» "O nosso Deus está nos céus, e pode fazer tudo o que lhe agrada" (Salmos 115:3).

» "Em seu coração o homem planeja o seu caminho, mas o Senhor determina os seus passos" (Provérbios 16:9).

- "Sei que podes fazer todas as coisas; nenhum dos teus planos pode ser frustrado" (Jó 42:2).

- "Lembrem-se das coisas passadas, das coisas muito antigas! Eu sou Deus, e não há nenhum outro; eu sou Deus, e não há nenhum como eu. Desde o início faço conhecido o fim, desde tempos remotos, o que ainda virá. Digo: Meu propósito permanecerá em pé, e farei tudo o que me agrada" (Isaías 46:9-10).

- "Muitos são os planos no coração do homem, mas o que prevalece é o propósito do Senhor" (Provérbios 19:21).

- "O Senhor estabeleceu o seu trono nos céus, e como rei domina sobre tudo o que existe" (Salmos 103:19).

- "Sabemos que Deus age em todas as coisas para o bem daqueles que o amam, dos que foram chamados de acordo com o seu propósito" (Romanos 8:28).

- "Portanto, Deus tem misericórdia de quem ele quer e endurece a quem ele quer" (Romanos 9:18).

- "Todos os povos da terra são como nada diante dele. Ele age como lhe agrada com os exércitos dos céus e com os habitantes da terra. Ninguém é capaz de resistir à sua mão ou dizer-lhe: 'O que fizeste?'" (Daniel 4:35).

- "O Senhor faz tudo o que lhe agrada, nos céus e na terra, nos mares e em todas as suas profundezas" (Salmos 135:6).

» "Nele fomos também escolhidos tendo sido predestinados conforme o plano daquele que faz todas as coisas segundo o propósito da sua vontade" (Efésios 1:11).

» "O oleiro não tem direito de fazer do mesmo barro um vaso para fins nobres e outro para uso desonroso?" (Romanos 9:21).

» "Quem poderá falar e fazer acontecer, se o Senhor não o tiver decretado?" (Lamentações 3:37).

» "O Senhor faz tudo com um propósito; até os ímpios para o dia do castigo" (Provérbios 16:4).

» "Nele fomos também escolhidos tendo sido predestinados conforme o plano daquele que faz todas as coisas segundo o propósito da sua vontade, a fim de que nós, os que primeiro esperamos em Cristo, sejamos para o louvor da sua glória" (Efésios 1:11-12).

» "A sorte é lançada no colo, mas a decisão vem do Senhor" (Provérbios 16:33).

» "Eu formo a luz e crio as trevas, promovo a paz e causo a desgraça; eu, o Senhor, faço todas essas coisas" (Isaías 45:7).

» "O coração do rei é como um rio controlado pelo Senhor; ele o dirige para onde quer" (Provérbios 21:1).

» "Mas algum de vocês me dirá: 'Então, por que Deus ainda nos culpa? Pois quem resiste à sua vontade?' Mas quem é você, ó homem, para questionar a Deus? 'Acaso aquilo que é formado pode dizer ao que o formou: Por que me fizeste assim?'" (Romanos 9:19-20).

» "Ninguém pode vir a mim se o Pai, que me enviou, não o atrair; e eu o ressuscitarei no último dia" (João 6:44).

» "A qual Deus fará se cumprir no devido tempo. Ele é o bendito e único Soberano, o Rei dos reis e Senhor dos senhores" (1Timóteo 6:15).

» "Vejam agora que eu sou o único, eu mesmo. Não há Deus além de mim. Faço morrer e faço viver, feri e curarei, e ninguém é capaz de livrar-se da minha mão" (Deuteronômio 32:39).

» "Eu sou o Senhor, o Deus de toda a humanidade. Há alguma coisa difícil demais para mim?" (Jeremias 32:27).

» "E orou: 'Senhor, Deus dos nossos antepassados, não és tu o Deus que está nos céus? Tu dominas sobre todos os reinos do mundo. Força e poder estão em tuas mãos, e ninguém pode opor-se a ti'" (2Crônicas 20:6).

» "Pois esse é o propósito do Senhor dos Exércitos; quem pode impedi-lo? Sua mão está estendida; quem pode fazê-la recuar?" (Isaías 14:27).

» "O Senhor dos Exércitos jurou: 'Certamente, como planejei, assim acontecerá, e, como pensei, assim será'" (Isaías 14:24).

- "Porque Deus nos escolheu nele antes da criação do mundo, para sermos santos e irrepreensíveis em sua presença" (Efésios 1:4).

- "Desde o início faço conhecido o fim, desde tempos remotos, o que ainda virá. Digo: Meu propósito permanecerá em pé, e farei tudo o que me agrada" (Isaías 46:10).

- "Ah! Soberano SENHOR, tu fizeste os céus e a terra pelo teu grande poder e por teu braço estendido. Nada é difícil demais para ti" (Jeremias 32:17).

- "Porque somos criação de Deus realizada em Cristo Jesus para fazermos boas obras, as quais Deus preparou antes para nós as praticarmos" (Efésios 2:10).

- "Vocês planejaram o mal contra mim, mas Deus o tornou em bem, para que hoje fosse preservada a vida de muitos" (Gênesis 50:20).

- "Eu fiz a terra, os seres humanos e os animais que nela estão, com o meu grande poder e com meu braço estendido, e eu a dou a quem eu quiser" (Jeremias 27:5).

- "Desde os dias mais antigos eu o sou. Não há quem possa livrar alguém de minha mão. Agindo eu, quem o pode desfazer?" (Isaías 43:13).

- "Pois é Deus quem efetua em vocês tanto o querer quanto o realizar, de acordo com a boa vontade dele" (Filipenses 2:13).

Caminhos

» "Ouvindo isso, os gentios alegraram-se e bendisseram a palavra do Senhor; e creram todos os que haviam sido designados para a vida eterna" (Atos 13:48).

» "Mas ele é ele! Quem poderá fazer-lhe oposição? Ele faz o que quer" (Jó 23:13).

» "Este homem foi entregue por propósito determinado e pré--conhecimento de Deus; e vocês, com a ajuda de homens perversos, o mataram, pregando-o na cruz" (Atos 2:23).

» "O Senhor mata e preserva a vida; ele faz descer à sepultura e dela resgata" (1Samuel 2:6).

» "Pois nele foram criadas todas as coisas nos céus e na terra, as visíveis e as invisíveis, sejam tronos sejam soberanias, poderes ou autoridades; todas as coisas foram criadas por ele e para ele" (Colossenses 1:16).

» "Deus é que tem sabedoria e poder; a ele pertencem o conselho e o entendimento. O que ele derruba não se pode reconstruir; quem ele aprisiona ninguém pode libertar" (Jó 12:13-14).

» "No princípio Deus criou os céus e a terra" (Gênesis 1:1).

» "Ele muda as épocas e as estações; destrona reis e os estabelece. Dá sabedoria aos sábios e conhecimento aos que sabem discernir" (Daniel 2:21).

» "Considere o que Deus fez: Quem pode endireitar o que ele fez torto? Quando os dias forem bons, aproveite-os bem; mas, quando forem ruins, considere: Deus fez tanto um quanto o outro, para evitar que o homem descubra alguma coisa sobre o seu futuro" (Eclesiastes 7:13-14).

» "Não há sabedoria alguma, nem discernimento algum, nem plano algum que possa opor-se ao SENHOR" (Provérbios 21:30).

» "Entre os ídolos inúteis das nações, existe algum que possa trazer chuva? Podem os céus, por si mesmos, produzir chuvas copiosas? Somente tu o podes, SENHOR, nosso Deus! Portanto, a nossa esperança está em ti, pois tu fazes todas essas coisas" (Jeremias 14:22).

» "Deus é que tem sabedoria e poder; a ele pertencem o conselho e o entendimento. O que ele derruba não se pode reconstruir; quem ele aprisiona ninguém pode libertar. Se ele retém as águas, predomina a seca; se as solta, devastam a terra. A ele pertencem a força e a sabedoria; tanto o enganado quanto o enganador a ele pertencem" (Jó 12:13-16).

» "Todavia, antes que os gêmeos nascessem ou fizessem qualquer coisa boa ou má — a fim de que o propósito de Deus conforme a eleição permanecesse, não por obras, mas por aquele que chama." (Romanos 9:11-12a).

» "Dá grandeza às nações e as destrói; faz crescer as nações e as dispersa" (Jó 12:23).

- » "Jesus olhou para eles e respondeu: "Para o homem é impossível, mas para Deus todas as coisas são possíveis" (Mateus 19:26).

- » "Quantas são as tuas obras, Senhor! Fizeste todas elas com sabedoria! A terra está cheia de seres que criaste" (Salmos 104:24).

- » "O Senhor disse a Satanás: 'Pois bem, tudo o que ele possui está nas suas mãos; apenas não toque nele'. Então Satanás saiu da presença do Senhor" (Jó 2:7).

- » "Mas, lembrem-se do Senhor, o seu Deus, pois é ele que dá a vocês a capacidade de produzir riqueza, confirmando a aliança que jurou aos seus antepassados, conforme hoje se vê" (Deuteronômio 8:18).

- » "Ele é antes de todas as coisas, e nele tudo subsiste" (Colossenses 1:17).

- » "Os olhos do Senhor estão em toda parte, observando atentamente os maus e os bons" (Provérbios 15:3).

- » "Aqueles que se opõem ao Senhor serão despedaçados. Ele trovejará do céu contra eles; o Senhor julgará até os confins da terra. 'Ele dará poder a seu rei e exaltará a força do seu ungido'" (1Samuel 2:10).

- » "Ao Rei eterno, o Deus único, imortal e invisível, sejam honra e glória para todo o sempre. Amém" (1Timóteo 1:17).

» "Pois aqueles que de antemão conheceu, também os predestinou para serem conformes à imagem de seu Filho, a fim de que ele seja o primogênito entre muitos irmãos" (Romanos 8:29).

» "Todas as coisas foram feitas por intermédio dele; sem ele, nada do que existe teria sido feito. Nele estava a vida, e esta era a luz dos homens" (João 1:3-4).

» "Não é da boca do Altíssimo que vêm tanto as desgraças como as bênçãos?" (Lamentações 3:38).

» "Eu sei, Senhor, que não está nas mãos do homem o seu futuro; não compete ao homem dirigir os seus passos" (Jeremias 10:23).

» "Nada, em toda a criação, está oculto aos olhos de Deus. Tudo está descoberto e exposto diante dos olhos daquele a quem havemos de prestar contas" (Hebreus 4:13).

» "Pois dele, por ele e para ele são todas as coisas. A ele seja a glória para sempre! Amém" (Romanos 11:36).

» "E prosseguiu: 'É por isso que eu disse a vocês que ninguém pode vir a mim, a não ser que isto lhe seja dado pelo Pai'" (João 6:65).

» "O Senhor assentou-se soberano sobre o Dilúvio; o Senhor reina soberano para sempre" (Salmos 29:10).

- "O Senhor disse a Satanás: 'Pois bem, ele está nas suas mãos; apenas poupe a vida dele'" (Jó 2:6).

- "Disse-lhe o Senhor: 'Quem deu boca ao homem? Quem o fez surdo ou mudo? Quem lhe concede vista ou o torna cego? Não sou eu, o Senhor?'" (Êxodo 4:11).

- "'Pois os meus pensamentos não são os pensamentos de vocês, nem os seus caminhos são os meus caminhos', declara o Senhor. "Assim como os céus são mais altos do que a terra, também os meus caminhos são mais altos do que os seus caminhos; e os meus pensamentos, mais altos do que os seus pensamentos. Assim como a chuva e a neve descem dos céus e não voltam para eles sem regarem a terra e fazerem-na brotar e florescer, para ela produzir semente para o semeador e pão para o que come, assim também ocorre com a palavra que sai da minha boca: ela não voltará para mim vazia, mas fará o que desejo e atingirá o propósito para o qual a enviei'" (Isaías 55:8-11).

- "Os teus olhos viram o meu embrião; todos os dias determinados para mim foram escritos no teu livro antes de qualquer deles existir" (Salmos 139:16).

- "Ao Senhor, o seu Deus, pertencem os céus e até os mais altos céus, a terra e tudo o que nela existe" (Deuteronômio 10:14).

- "Paulo, servo de Deus e apóstolo de Jesus Cristo, para levar os eleitos de Deus à fé e ao conhecimento da verdade que conduz à piedade" (Tito 1:1).

» "Estou convencido de que aquele que começou boa obra em vocês, vai completá-la até o dia de Cristo Jesus" (Filipenses 1:6).

» "Quando a trombeta toca na cidade, o povo não treme? Ocorre alguma desgraça na cidade sem que o Senhor a tenha mandado?" (Amós 3:6).

» "Ele se assenta no seu trono, acima da cúpula da terra, cujos habitantes são pequenos como gafanhotos. Ele estende os céus como um forro e os arma como uma tenda para neles habitar" (Isaías 40:22).

» "Ele respondeu: 'Você fala como uma insensata. Aceitaremos o bem dado por Deus, e não o mal?' Em tudo isso Jó não pecou com seus lábios" (Jó 2:10).

» "Todos os habitantes da terra adorarão a besta, a saber, todos aqueles que não tiveram seus nomes escritos no livro da vida do Cordeiro que foi morto desde a criação do mundo" (Apocalipse 13:8).

» "Todo aquele que o Pai me der virá a mim, e quem vier a mim eu jamais rejeitarei" (João 6:37).

» "No princípio era aquele que é a Palavra, Ele estava com Deus e era Deus. Ele estava com Deus no princípio. Todas as coisas foram feitas por intermédio dele; sem ele, nada do que existe teria sido feito. Nele estava a vida, e esta era a luz dos homens. A luz brilha nas trevas, e as trevas não a derrotaram" (João 1:1-5).

» "Então, Jesus aproximou-se deles e disse: "Foi-me dada toda a autoridade nos céus e na terra" (Mateus 28:18).

» "E Deus fez com que o homem fosse bondoso para com Daniel e tivesse simpatia por ele" (Daniel 1:9).

» "Prepara-se o cavalo para o dia da batalha, mas o Senhor é que dá a vitória" (Provérbios 21:31).

» "Durante sete dias eles celebraram com alegria a festa dos pães sem fermento, pois o Senhor os enchera de alegria ao mudar o coração do rei da Assíria, levando-o a dar-lhes força para realizarem a obra de reconstrução do templo de Deus, o Deus de Israel" (Esdras 6:22).

» "José, porém, lhes disse: 'Não tenham medo. Estaria eu no lugar de Deus? Vocês planejaram o mal contra mim, mas Deus o tornou em bem, para que hoje fosse preservada a vida de muitos. Por isso, não tenham medo. Eu sustentarei vocês e seus filhos'. E assim os tranquilizou e lhes falou amavelmente" (Gênesis 50:19-21).

» "Vemos, todavia, aquele que por um pouco foi feito menor do que os anjos, Jesus, coroado de honra e de glória por ter sofrido a morte, para que, pela graça de Deus, em favor de todos, experimentasse a morte" (Hebreus 2:9).

» "Pois tudo o que foi escrito no passado foi escrito para nos ensinar, de forma que, por meio da perseverança e do bom ânimo procedentes das Escrituras, mantenhamos a nossa esperança" (Romanos 15:4).

Versículos sobre a soberania de Deus

» "Pois aqueles que de antemão conheceu, também os predestinou para serem conformes à imagem de seu Filho, a fim de que ele seja o primogênito entre muitos irmãos. E aos que predestinou, também chamou; aos que chamou, também justificou; aos que justificou, também glorificou" (Romanos 8:29-30).

» "Logo que anoiteceu, os irmãos enviaram Paulo e Silas para Bereia. Chegando ali, eles foram à sinagoga judaica. Os bereanos eram mais nobres do que os tessalonicenses, pois receberam a mensagem com grande interesse, examinando todos os dias as Escrituras, para ver se tudo era assim mesmo" (Atos 17:10-11).

» "Reconheçam que o Senhor é o nosso Deus. Ele nos fez e somos dele: somos o seu povo, e rebanho do seu pastoreio" (Salmos 100:3).

» "Você pode amarrar as lindas Plêiades? Pode afrouxar as cordas do Órion? Pode fazer surgir no tempo certo as constelações ou fazer sair a Ursa com seus filhotes? Você conhece as leis dos céus? Você pode determinar o domínio de Deus sobre a terra?" (Jó 38:31-33)

» "E jurou: 'Pelo trono do Senhor! O Senhor fará guerra contra os amalequitas de geração em geração'" (Êxodo 17:16).

» "Tendo os olhos fitos em Jesus, autor e consumador da nossa fé. Ele, pela alegria que lhe fora proposta, suportou a cruz, desprezando a vergonha, e assentou-se à direita do trono de Deus" (Hebreus 12:2).

- "Pois a vocês foi dado o privilégio de não apenas crer em Cristo, mas também de sofrer por ele" (Filipenses 1:29).

- "Pois vocês são salvos pela graça, por meio da fé, e isto não vem de vocês, é dom de Deus; não por obras, para que ninguém se glorie" (Efésios 2:8-9).

- "Eu sou a videira; vocês são os ramos. Se alguém permanecer em mim e eu nele, esse dará muito fruto; pois sem mim vocês não podem fazer coisa alguma" (João 15:5).

- "Porque Deus tanto amou o mundo que deu o seu Filho Unigênito para que todo o que nele crer não pereça, mas tenha a vida eterna. Pois Deus enviou o seu Filho ao mundo, não para condenar o mundo, mas para que este fosse salvo por meio dele" (João 3:16-17).

- "Ele é a imagem do Deus invisível, o primogênito sobre toda a criação, pois nele foram criadas todas as coisas nos céus e na terra, as visíveis e as invisíveis, sejam tronos sejam soberanias, poderes ou autoridades; todas as coisas foram criadas por ele e para ele" (Colossenses 1:15-16).

- "Jesus respondeu: 'Não terias nenhuma autoridade sobre mim se esta não te fosse dada de cima. Por isso, aquele que me entregou a ti é culpado de um pecado maior'" (João 19:11).

NOTAS

1. https://www.newsday.com/sports/columnists/bob-glauber/super-bowl-lii-doug-pederson-eagles-1.16503211, de Bob Glauber, "Eagles Coach Doug Pederson Had a Rough Start in Philadelphia", 03 de fevereiro de 2018, acesso em 08 de fevereiro de 2018.

2. https://www.espn.com/nfl/story/_/id/22326016/nick-foles-philadelphia-eagles-named-mvp-super-bowl-lii, de Courtney Cronin, "Eagles QB Nick Foles named MVP of Super Bowl LII after 4 total TDs", 05 de fevereiro de 2018.

3. https://www.si.com/nfl/2018/02/07/super-bowl-52-film-study-notes-new-england-patriots-philadelphia-eagles, de Andy Bendit, A Super Bowl 52 Deep Dive Review", 07 de fevereiro de 2018.

4. https://sports.good.is/articles/wentz-foles-message, de Pen Collins, "Injured Eagles QB Carson Wentz Sent A Selfless Message To His Replacement Before The Super Bowl", 02 maio de 2018.

Sua opinião é importante para nós.
Por gentileza, envie-nos seus comentários pelo e-mail:

editorial@hagnos.com.br

Visite nosso site:

www.hagnos.com.br